철학자 마을에
저녁이 내리는 소리

위 대 한 철 학 자 들 이 한 마 을 에 모 여 산 다 면

철학자 마을에
저녁이 내리는 소리

한창수 지음

페이퍼로드
paperroad

3장 모모의 성장통

6장 저녁이 내리는 소리

철학을 일상 생활을 통해
기술한 이유

1

철학은 오랜 취미였다. 직장에서 돌아오거나 주말이 되면 다양한 철학서를 읽으며 상상의 나래를 펼치곤 했다. 철학자 중에는 현실 속에서 만나기 어려운 기인들이 많았으며 그들은 저마다의 강렬한 개성으로 나의 관심을 끌었다. 시간이 흘러 공부가 조금 쌓이자 이번엔 공부한 것을 표현하고 싶다는 생각이 들었다. 지금까지의 철학서들은 결코 쉽게 쓰이지 않았다고 생각했기 때문이다.

그리하여 처음에는 철학자들의 사상을 삼성의 보고서처럼 요약적이고 명료하게 설명하려 했다. 나는 30년 가까이 삼성에 몸담으며 다양한 보고서를 써왔으므로 그 방식이 좋을 것 같았다. 삼성의 보고서는 두 번 읽을 필요가 없도록 최대한 쉽고 간결하게 작성되며 동시에 내용의 설득력도 갖추는 형태로 구성되어야 한다.

그러나 그런 형태로 내용을 작성할 경우 단점도 있을 것 같았다. 보고서식 기술을 하게 될 경우 내용은 명확하게 드러날 수 있겠지만 그다지 흥미롭지 않다는 약점이 생긴다. 보고서에는 유머나 해학이 담기지 않으며 수식어도 최대한 절약된 채 전달하려는 핵심적 내용만이 나열되기 때문이다. 물론 이것은 보고서의 주 독자인 경영자들이 시간 낭비를 하지 않도록 하기 위한 배려이다.

2

어떻게 할까 망설이던 차에 문득 '고금의 철학자들이 한 마을에 모여서 살아간다면 어떤 모습이 될까'라는 아이디어를 떠올리게 되었다. 개성이 강하고 남의 말에는 그다지 아랑곳하지 않는 철학자들이 서로 부대끼며 일상적 삶을 살아가야 한다면 그 모습은 과연 어떨까? 실제로 그들 중 대부분은 학자이면서도 기자, 교수, 개업의, 농부, 목회자, 작가 등 다양한 직업을 가진 생활인이기도 했다. 이 점에 착안하여 철학자들이 저마다 생활인의 입장에서 자신의 사상을 풀어내 본다면 매우 생생한 묘사가 가능할 것 같았다. 게다가 나는 특정 철학자에 집착하기보다는 다양한 철학자의 저작들을 읽어오지 않았던가. 그래서 이 책은 철학자의 마을에서 함께 살아가는 철학자들의 일상을 상상하며 다소 우화적인 형태를 취하게 되었다.

나는 지금도 철학 사상을 명료한 보고서 형식으로 쓴다는 것에 대한 미련을 버리지 않고 있다. 그것은 분명 유익한 일이 될 것이다. 더욱 많은 독자들에게 철학을 전달할 욕심이 있기도 하지만, 무엇보다 지금쯤은 현대 사상의 주류인 **존재론**存在論*이 철학이라는 산봉우리의 가장 높은 지점을 넘어왔다고 생각하기 때문이다. 이렇게 되면 사상을 쉽고 간결한 표현으로 정리할 필요성이 커지게 마련이다. 하나의 사상은 처음 등장할 때는 어려운 용어로 자신을 감싸고 나타나나 대개 세월이 지나면 이해하기 쉬운 일상적 용어로 정리되는 법이다.

최근의 존재론은 사유의 내용을 표현하는 신조어만이 꾸준히 증가하고 있을 뿐 딱히 더 심오해지고 있다고 말할 수는 없을 것 같다는 생각이 든다. 즉 초인이나 영원회귀, 차이, 반복, 특이점 등 초기 존재론의 용어들이 갖는 의미는 이후 줄지어 나타난 신조어들과 비교했을 때 그다지 크게 달라지지 않은 것 같다. 새롭게 출현하는 용어들의 미세한 차이를 일일이 배우는 수고에 비해 성과가 크지 않으면 효율이 높다고 말할 수 없을 것이다.

현대 존재론의 가장 최근 세대인 지젝Slavoj Žižek, 마수미Brian

---

* 존재자(Seiendes, 우리의 일상을 구성하는 사물)가 존재자이도록 해주는 존재(Sein)에 대한 사유를 통해 운동과 변화를 새롭게 주목함으로써, 세계를 고정된 것으로 인식해 온 기존의 형이상학을 극복하려는 모든 노력을 말한다.

Massumi 등만 보더라도 이것은 확실해 보인다. 현대의 존재론은 기존의 복잡하고 어려운 논의들로부터 벗어나 점차 일상을 변혁하는 실천에 더욱 관심을 갖는 듯하다. 이것은 철학이 더 이상 어려운 단어를 나열하는 방식으로 이루어질 필요가 없게 되었음을 뜻한다. 사유의 내리막길에서도 마치 오르막길을 걷는 듯이 힘겨운 제스처를 할 필요는 없을 것이다.

4

20세기 전반기의 존재론은 평범한 일상에 머물러온 대중들에게 느닷없이 일상에서 벗어날 것을 권하는 일종의 '쇼크 요법' 형태를 취했다. '매일 출근出勤을 되풀이하는 삶의 단조로움에서 벗어나 출가出家를 감행하라'는 식의 파격적 변화를 제안했던 것이다. 이 무렵의 철학자들은 인간의 실존적 위기와 한계 상황을 강조했고 삶의 본모습은 결코 평화롭거나 일상적인 것이 아니므로 지금 당장이라도 죽음을 향해 도약해야 한다고 다그치는 모습을 보였다. 현대 존재론의 창시자 격인 하이데거가 '죽음에의 선구Vorlaufen zum Tode'*를 언

---

* 미래에 다가올 죽음을 미리 달려가 맞이하려는 자세, 즉 죽을 각오로써 현재의 일상에서 벗어나 새로운 삶으로의 변신을 결단하는 것을 의미한다.
  마르틴 하이데거, 『존재와 시간』, 전양범 역, 동서문화사, 2016, p. 333.

급한 것도, 카프카의 소설 속에서 주인공이 어느 날 돌연 벌레로 변신해 비극적으로 삶을 마감하는 일이 벌어진 것도 이 무렵의 일이다. 아마 이러한 생각이 지배적인 흐름이 된 데에는 두 차례에 걸친 세계대전도 크게 영향을 미쳤을 것이다.

그러나 오늘날 존재론은 그 정도로 현대인을 압박하고 있지는 않다. 그것은 오히려 우리가 매일 되풀이하고 있는 출근이야말로 사실상 출가와 다를 것이 없다고 속삭이고 있다.

현대 존재론에 따르면, 우리는 싯다르타처럼 파격적인 출가를 하지 않아도 된다. 그저 매일의 출근을 통해서도 황금 양털을 찾아 멀리 모험의 길을 떠난 이아손과 다를 바 없는 예외적이고 가슴 뛰는 삶은 얼마든지 가능하다. 한마디로 평범하고 지루한 일상 속에 숨겨진 삶의 굴곡지고 야생적인 모습을 직시하고 그것을 수용하는 결단의 과정이 현대 존재론의 핵심적 내용이다.

5

존재론자가 출가와 출근을 동일시하는 사고는, 우리가 매일 사용하던 변기가 알고 보니 예술 작품이었다고 주장한 뒤샹Marcel Duchamp의 작품 〈샘Fountain〉에서 극적으로 드러난 바 있다. 이제 철학은 현실과 예술, 의식과 무의식, 속세와 초월의 영역을 동시에 아우르면서 더욱 다이나믹해졌고 대중적 면모마저 갖추게 되어 이전보다 손쉽게 접근 가능한 것이 되었다.

　오늘날 철학에 입문하기 위해서는 두뇌가 명석해야 하거나 고도의 전문적 훈련을 받아야 할 필요는 없다고 생각된다. 철학에 입문하는 데 필요한 것은 영민한 논리나 우수한 기억력이 아니라 삶에 임하는 태도를 둘러싼 스스로의 결단이기 때문이다. 현대 존재론에 따르면 모든 사람은 이미 존재론에 입문한 상태다. 단지 그 사실을 모르고 있을 뿐이다. 그러므로 남은 것은 그 사실을 직시하고 수용하는 본인의 결단뿐이다. 사실 이것이 공정하지 않은가. 인간의 결단은 재능과 상관없이 누구라도, 삶의 어떤 지점에서도 마음만 먹으면 할 수 있으니 말이다. 다음에 펼쳐질 우화의 모든 내용은 그러한 결단과 관련된 것들이다.

2022년 10월 서울 우이동 솔밭공원에서

한창수

★ 철학자 마을 지도 ★

하이데거의
집

숲

마르크스의
마을 신문사

헤겔의
웅변 학원

마을 회관

싯다르타(노숙)

레테강

호밀밭

샐린저의 과수원

칸트의
학교

다윈의
박물관

병원
(장례식장)

들뢰즈가
일하는 카페

비트겐슈타인의
다리

니체의
카페

프로이트와 융의
정신병원

경찰서

플라톤
회관

철학자의 바위

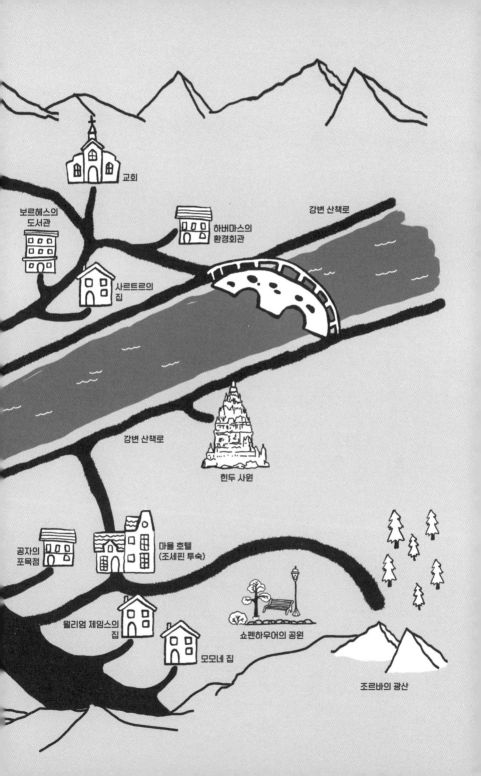

교회

보르헤스의
도서관

하버마스의
환경회관

강변 산책로

사르트르의
집

강변 산책로

힌두 사원

공자의
포목점

마을 호텔
(조세핀 투숙)

윌리엄 제임스의
집

쇼펜하우어의 공원

모모네 집

조르바의 광산

1장

미네르바시(市)의
사람들

칸트 선생님의
지루한 수업

1

철학자들이 모여 사는 것으로 유명한 이 마을의 이름은 '미네르바'였고 마을 한가운데에는 '레테'라 불리는 맑고 작은 강이 흐르고 있었다. 이곳의 나날은 대부분 조용하고 평화로웠다. 행정구역상 시(市)라고는 해도 마을 정도 크기의 한산한 도시였다.

이날도 여느 날처럼 마을 뒤편 언덕에 자리 잡은 중학교에서는 철학 교사인 칸트의 지루한 수업이 진행되고 있었다. 칸트는 작은 학교 내에서 거의 만물박사와 같은 존재로 철학 외에도 물리학, 화학, 심리학 등 다양한 수업을 도맡아 진행하고 있었다. 때론 정신없이 하루를 보내기도 했으나, 그는 불평 없이 자신이 맡은 수업을 되도록 즐겁게 해내는 교사였다.

지금 그의 수업이 지루한 이유는 그가 철학사상 가장 어렵고 따분한 것으로 평가받는 자신의 책『순수 이성 비판*Kritik der reinen Vernunft*』을 교과서로 삼아 수업하고 있기 때문이었다. 본래는 대학생들도 읽기 어려운 난해한 책이지만 이 학교는 교사가 칸트였으므로 부득이 본인의 책을 사용하고 있었다.

창가 자리에 앉은 우리의 주인공 모모는 창밖을 보며 학교 수업이 끝나면 무엇을 할까 궁리하고 있었다. 그즈음 칸트 선생님의 수업은 몹시 난해한 대목에 이르고 있었다.

여러 과목 중에서도 철학에 유독 열정적이신 칸트 선생님의 목소리가 자장가처럼 들려온다.

"인식이란 감각 기관을 통해 수용한 잡다한 감각적 내용들을 지성 Verstand*을 통해 종합하여 개념으로 만들어내는 과정을 일컫는 것이지. 그러므로 그것은 객관적 현상이라기보다 우리의 정신, 즉 저마다의 마음속에서 일어나는 주관적 과정으로 봐야 해."

칸트 선생님은 같은 얘기를 반복해서 하곤 하셨으므로 모모는 이 대목을 벌써 여러 차례 들었다고 생각했다. 그때 수업 중 눈에 띄기를 좋아하는 한 학생이 손을 들고 질문을 했다.

---

* 신체가 수용한 감각들을 종합하여 보편적 개념으로 만드는 의식의 능력으로 이전에는 '오성(悟性)'이라 번역되기도 했다.

"그러면 개가 하는 인식은 개의 마음속에서 일어나는 종합의 과정인가요?"

뜬금없는 질문이었지만 칸트 선생님은 부드럽게 대답했다.

"정확히 그렇단다."

아이들은 갑작스런 개의 출현에 의아해하면서도 이야기가 재미있는 방향으로 흘러갈 것으로 기대하며 귀를 쫑긋 세웠다. 학생이 질문을 이어갔다.

"그러면 한 물체에 대한 인간의 인식과 개의 인식은 다를 텐데요?"

칸트 선생님이 대답했다.

"잘 지적했구나. 그 말이 맞다. 동일한 물체에 대한 인간과 개의 인식은 다르단다. 인간과 개뿐 아니라 인간과 인간 간에도 완전히 같은 것은 아니란다. 이게 무슨 말이냐 하면 누구도 그 물체의 본래 모습을 객관적으로 알 수는 없다는 거다."

모모는 여전히 창밖을 보면서 다른 아이들과 마찬가지로 생각했다.

'헐… 이렇게 되면 불가지론*에 빠지게 되는 거 아닌가?'

학생들의 이런 생각을 읽은 칸트는 대답을 이어갔다.

"그렇지만 반드시 불가지론에 이르게 되는 것은 아니란다. 인간이 감각적으로 수용한 내용을 종합하는 방식이 대개 동일하기 때문이

---

* 어떤 개념이나 사물에 대해 인간은 그 본모습을 인식할 수 없다는 철학적 관점.

지. 말하자면 조폐국에서 완전히 동일한 동전들을 주조해 내는 것과 같다고 볼 수 있지."

'그렇다면 감각적으로 수용한 내용들을 종합하는 방식은 왜 항상 동일한 것일까'라는 의문이 꼬리를 물었다. 여기에 대한 칸트 선생님의 답변은 다소 궁색한 것이었다. 그는 수학의 확실성을 거론하며, 이것이 지성의 객관성을 보증한다고 설명했다.

"우리가 수학 공식을 어떤 상황에서도 완전히 동일한 것으로 인식하듯 서로 다른 인식을 하면서도 그 내용의 확실성을 주장할 수 있는 거란다. 그것이 지성의 능력이지."

그렇지만 모모는 여전히 수학적 인식이 어떻게 현실적 인식의 객관성을 보증한다는 것인지 잘 이해되지 않았다.

미리 설명해 두자면, 칸트 선생님의 이러한 주장은 후일 전혀 예상치 않게도 마을의 박물관장인 다윈 씨에 의해 새로운 방식으로 설명되었다. 다윈 씨는 인간의 인식이 객관성을 지니는 이유는 인간이 생존을 위해 가장 유리한 방식으로 진화하다 보니 생겨나게 된 결과일 뿐이라고 설명했다. 그에 의하면 인간의 진화 초기에는 다양한 인식 방식이 존재했으나 현재의 방식이 생존을 위해 가장 우월한 방식이었기에 그 방식을 채택한 종으로서 인간이 생존하게 되었다는 것이다. 그것은 초기 인류의 손가락 수는 다양했으나 오랜 세월 동안의 생존 실험 속에서 다섯 개가 가장 우월한 것으로 판명되어* 손가락이 다섯 개인 인류만이 남게 되었다는 식의 설명과 다르지 않았다. 즉 그의 논법에 따르면 인간이기 때문에 보편적 인식을 하는 것이 아니라 현재와 같은 인식을 하는 인간만이 남게 되었다는 것이다. 이러한 다윈 씨의 설명에는 수학이 전혀 필요치 않았는데 이것은 매우 큰 차이였다.

2

학생은 계속 질문을 이어갔다. 모모는 그가 수업 전에 칸트 선생님의 책을 미리 탐독했는지 질문의 수준이 만만치 않다고 생각했다.

"그렇다면 감각 기관을 통해 받아들일 수 없는 것들은 어떻게 인식하는 거죠?"

날카로운 질문이었다. 그럼에도 칸트 선생님의 표정은 오히려 밝아지고 있었다. 마음에 드는 질문이나 어려운 질문이 날아들었을 때 그가 짓곤 하는 표정이었다. 그는 설령 쉽게 답변할 수 없는 질문일지라도 학생들과 함께 토론하는 것을 즐거워했으며 때론 '그건 나도 잘 모르겠구나'라고 솔직하게 고백하는 교사였다.

---

* 자연에 의해 선택되었다는 뜻이다.

"음, 오늘은 순수 이성 비판까지만 강의하고, 네가 질문한 부분은 다음 시간에 수업하려 했는데 일단 간단하게라도 대답해야 할 것 같구나. 결론부터 말하자면 그런 것들은 대개 실천적이거나 윤리적인 문제들인데, 말하자면 우리가 삶을 영위하기 위해 요청되는 것들이란다. 즉 그 부분은 인식해야 할 문제가 아니라 올바른 삶을 살기 위해 전제해야 하는 것들이란다."

"전제해야 한다구요?"

아이들은 눈이 휘둥그레졌다.

"그렇단다. 감각으로 확인할 수 없으니 상상력으로 전제하는 수밖에. 대상을 정확히 인식하는 일도 중요하지만 삶을 올바른 전제 위에 세우는 것도 그 못지않게 중요한 철학의 임무란다."

모모의 생각엔 이제 곧 '실천적 이성'에 대한 설명이 나올 차례였다. 그러나 엄밀히 따진다면 지금 칸트 선생님의 설명은 이성적 사고의 범위를 위반하려 하고 있었다. 지금까지의 철학에 따르면 이성적 사고의 범위는 세계를 객관적으로 인식하는 것에 국한되어야 하는 것이다. 단지 상상력의 영역일 뿐인 도덕이나 미학에 해당하는 부분에 이성이라는 이름을 붙인다는 것은 기존 인식론의 범위를 이탈하는 일이었다.*

---

* 그런 의미에서 칸트의 '실천 이성 비판'과 '판단력 비판'은 기존 형이상학의 기준으로는 용납될 수 없는 것이었다.

3

　모모는 학생과 칸트의 문답을 모두 듣고 있으면서도 여전히 여유로운 표정으로 창밖을 내다보고 있었다. 그는 문답이 점점 '실천 이성 비판'의 방향으로 흘러가고 있다고 생각했다.

　'아마도 시간이 좀 더 지나면 결국 '판단력 비판'에 이르게 되겠지.'[*]

　그때 칸트 선생님의 눈길이 모모 쪽으로 향했다. 칸트는 모모가 다소 불량스러운 학생이라 여기고 있었지만 가끔씩 그의 사유 능력에 대해서는 내심 경탄하곤 했다. 지금 그는 모모가 이 중요한 문답을 듣지 않고 있는 것은 아닌가 근심스러웠다.

　"모모 군, 지금 무슨 생각을 하고 있지?"

　모모는 흠칫 놀라 칸트 선생님 쪽을 바라보았다. 큰일이다. 평소 칸트 선생님은 자상하신 분이지만 수업 시간에는 엄격한 분이셨다. 특히 철학 수업 시간에는 더욱 그러했다. 모모는 선생님의 얼굴에 미세한 주름이 굳어져 가고 있음을 느낄 수 있었다. 모모는 철학에 관한 한 누구보다 영민하여 칸트 선생님의 사랑을 독차지하다시피 하고 있었으나 수업 시간에 딴짓을 하는 것은 선생님을 모독하는 것

---

[*] 『순수 이성 비판』(1781), 『실천 이성 비판Kritik der praktischen Vernunft』(1788), 『판단력 비판Kritik der Urteilskraft』(1790)은 칸트의 3대 비판서로 불리며 각각 인식, 윤리, 미학을 다루고 있다.

이나 다름없는 것이었다.

그 순간 영리한 모모는 사태를 역전시키기 위해서는 선생님의 마음에 들거나, 대답하기 어려운 질문을 하는 수밖에 없다고 생각했다. 공격은 최선의 방어라고 하지 않는가.

"선생님, 사실은 질문이 떠올라서요."

아니나 다를까, 선생님 얼굴의 주름이 펴지며 기쁜 기색이 떠올랐다.

"오, 질문을 생각하고 있었던 게로구나. 어서 말해보거라."

"선생님께서는 좀 전에 감각을 통해 대상을 수용함으로써 인식이 시작된다고 하셨지만, 사실은 우리의 감각적 수용도 이미 어떤 선택을 한 이후에 벌어지는 일이 아닌가요? 그러니까 그런 감각 이전의 선택 과정도 인식 이론에 포함되어야 하지 않을까요?"

모모다운 날카로운 질문이었다. 감각하는 행위는 자동으로 시작되는 것이 아니었다. 즉 칸트의 인식론은 감각적인 지각을 수용하는 것을 출발점으로 삼고 있지만 지금 모모는 그 이전 단계에 대한 질문을 하고 있는 것이었다. 모모는 질문을 이어갔다.

"우리가 뭔가를 보거나 듣거나 느끼는 건 단순히 감각적 대상을 수용하는 수동적인, 또는 자동적인 행위라기보다는, 우리도 모르는 새에 어떤 선택을 한 결과라 생각되는데요?"

그것은 순수 이성 비판의 범위를 넘어서는 어려운 질문이어서 웬

만한 선생님은 짜증을 내거나 회피할 수도 있지만 칸트 선생님은 그런 분이 아니었다.

"모모야, 정말 좋은 질문이다. 네가 그런 질문을 하는 것이 대견하구나. 사실은 이전에도 너와 같은 질문을 한 학생이 있었다. 들뢰즈라고."

학생들이 놀라며 되물었다.

"마을 카페에서 알바하는 들뢰즈 형이요?"

4

칸트 선생님은 빙긋 웃으셨다.

"그래, 그 친구란다. 이곳 학교를 졸업하고 대도시의 대학에 진학했지만 집안 사정이 여의치 않아 다시 돌아왔단다. 지금은 아르바이트를 하고 있지만 무척 아까운 청년이지."

칸트 선생님은 안타까운 표정을 지었으나 이내 다시 말을 이어갔다.

"들뢰즈 군은 일찍이 그 질문을 내게 했을 뿐 아니라 후일 자신만의 대답을 찾아내기도 했지. 그렇지만 지금 내가 그의 대답을 들려주기보다는 너희들이 그에게서 직접 듣는 편이 좋을 것 같구나."

칸트 선생님은 미소 띤 얼굴로 학생들을 둘러보며 말을 이어갔다.

"다만 들뢰즈 군의 사유에 대해 내가 덧붙일 수 있는 것은 그는 인식의 성립 과정을 드라마화dramatization*라 표현하고 있다는 거야. 물론 그 부분은 내가 설명한 지성의 종합과 같은 대목에 해당하는 거란다."

학생들은 호기심 어린 눈초리를 하며 그의 말을 되받았다.

"드라마화라구요? 드라마라면 우리가 TV로 보는 드라마 말씀인가요?"

학생다운 천진한 질문이었으나 칸트 선생님으로서는 예상치 못한 질문이었다. 칸트 선생님은 잠시 생각한 후 답변을 시작했다.

"그렇게 볼 수도 있지. 어쩌면 TV드라마도 들뢰즈 군의 드라마화를 이해하는 데 도움이 될 수 있겠구나. 그의 드라마화도 TV 드라마와 마찬가지로 기승전결의 구조 속에서 드라마틱하게 진행되는 인식 과정을 설명하는 것이니까."

학생들은 철학의 인식론이 드라마에 비견되는 것에 어리둥절한 느낌이 들었지만 뭔가 더 쉽고 친근해진 듯한 느낌도 들었다. 심지어 어떤 학생들은 앞으로 철학 공부를 잘하기 위해 드라마를 더 많이 봐야겠다는 생각까지 할 정도였다.

---

* 들뢰즈는 저서 「차이와 반복Différence et repetition」(1968)에서 잠재성이 창조적인 방식으로 현실화하는 과정을 설명하고 이를 '드라마화'라 불렀다.

칸트 선생님이 설명을 이어갔다.

"들뢰즈 군이 주장한 드라마화는 내가 설명한 지성의 종합보다 인식의 창조적인 측면에 더욱 주목하고 있다고 말할 수 있을 것 같구나. 가령 내가 인식을 주어진 대상을 정확히 발견해 내는 과정으로 보고 있다면 들뢰즈 군은 단순히 발견하는 것을 넘어 대상을 만들어 내는, 즉 창조하는 것으로 보고 있지."

'맙소사, 인식이 창조 활동이라구?' 모모를 비롯한 일부 학생들은 여전히 호기심 어린 눈초리를 거두지 않고 있었으나 이미 수업 시간은 끝나가고 있었다. 칸트 선생님은 말씀하셨다.

"여전히 궁금한 점이 남아 있겠지만 오늘은 이 정도로 마무리해야겠구나. 쉽지 않은 내용들이었는데 너희들이 좋은 질문들을 해주어서 순조롭게 풀어갈 수 있었던 것 같구나. 다음 시간에도 잘 부탁하마."

그 여자,
조세핀

1

학교 수업이 끝난 후 모모는 자전거를 타고 언덕길을 내려갔다. 시내로 들어설 즈음 그는 사람들 사이에서 실랑이를 벌이는 조세핀 양을 보았다. 그녀는 외부인이었으나 어쩐 일인지 몇 년 전부터 1년에 몇 차례씩이나 마을로 여행을 오고 있었다. 작은 시골 마을에서는 좀처럼 찾아보기 어려운 미모를 지닌 그녀는 어디서나 눈에 띄었으며 가는 곳마다 외모에 어울리는 도시적인 세련미와 최신의 유행을 거침없이 온몸으로 뽐내곤 했다. 그 결과 그녀는 여성들로부터는 시샘을, 남성들로부터는 격정과 욕망, 심지어 소유욕을 불러일으키는 존재가 되어 있었다.

조세핀은 낡은 석조 보도블록에 하이힐의 굽이라도 끼었는지 길

한가운데 멈추어 서서 투덜거리고 있었다. 옆에 있는 검은 복장의 젊은 남성 수행원이 그녀의 몸에 손을 댈 수 없어 머뭇거리는 동안, 여성 수행원이 그녀의 팔을 잡아 간신히 일으켜 세워주고 있었다.

"이게 무슨 꼴이람. 우아하지 못하게."

우아함은 그녀가 매우 중요하게 생각하는 덕목이었다.

"우아하게 살지 못한다면 차라리 죽는 게 나아."

그녀는 때때로 이렇게 말하곤 했다.

'조세핀 양이 또 여행 오셨나 보군.'

모모는 생각했다.

'그런데 이상한걸? 지금은 여행 시즌이 아닌데?'

"모모야, 학교 수업이 끝났나 보구나."

한쪽 손에 하이힐을 든 조세핀이 다가오는 모모를 향해 마치 친근한 사이이기라도 한 듯 활짝 웃으며 말을 걸었다. 사실 모모는 마을의 곳곳을 다니며 사람들의 일에 쉴 새 없이 간섭하고 참견했으며, 때로는 크고 작은 사고도 치는 아이여서 이 작은 마을에서는 모르는 사람이 없었다. 그저 여행 삼아 이곳에 오는 조세핀조차 그와 안면을 튼 지도 꽤 오래되었다. 조세핀의 말에 모모는 미소를 지어 답례할 뿐이었다.

"학교에서 혼자 북 치고 장구 치고 다 하시는 할아버지 선생님은 여전히 잘 계시니?"

칸트 선생님을 말하는 듯했다.

모모는 자전거에서 내리며 밝은 목소리로 대답했다.

"그럼요. 잘 계시고말고요. 오늘도 유익한 수업을 진행해 주셨는걸요."

"칸트 선생님은,"

조세핀이 정색을 하며 말했다. 붉은 립스틱을 짙게 바른 조세핀의 입에서 칸트라는 이름이 불리는 것이 좀 어색한 듯한 느낌이 들었다.

"내가 그다지 달갑지 않으시겠지만 이 마을엔 내가 없으면 안 돼. 이러다간 아무것도 변하지 않은 채 시간만 흘러가서 결국 다른 마을들에 비해 형편없이 뒤처지고 말걸."

2

마을에서 조세핀은 묘한 존재였다. 그녀는 이 마을에 남다른 애정이라도 있는 양 여행을 올 때마다 마을 구석구석을 쉴 새 없이 둘러보곤 했다. 그럴 때마다 그녀의 곁에는 언제나 사람들이 들끓었다. 여자들은 그녀의 몸을 감싼 최신 패션과 도회적 스타일에 관심이 많았고 남자들은 그녀의 모습을 보는 것만으로도 즐거워했으며 철학자들은 그녀의 재기 넘치는 언변을 좋아했다. 들리는 소문에는 그녀가 이미 마을 정신병원의 인턴인 라캉 씨의 마음을 흔들어놓았으며 몇몇 젊은 철학자들도 그녀에게 구애하려 대기 중이라 했다.

그녀는 조용한 시골 마을에 파문을 불러일으키는 거의 유일한 존재였다. 그러나 그 파문은 그다지 긍정적인 것만은 아니었다. 그녀는 사람들이 모르는 새에 그들의 마음 속에 있는 허영심과 질투심, 심지어 공격성까지 최대한 이끌어 내는 존재였다. 사람들은 그녀를 알게 되면 알게 될수록 도시적인 것과 유행의 이점을 잘 이해하게 되었으나 내면의 인격적 성숙과는 오히려 멀어지고 있었다.

그녀는 외부인이면서도 마을의 발전에 지대한 관심을 가지고 있었다. 때로 그녀는 자신의 돈을 들여 마을 곳곳을 수리하고 개선하기도 했다. 그녀가 손을 대면 누추했던 곳이 번듯하게 변하는 경우도 적지 않았다. 이 점으로 인해 그녀를 긍정적으로 바라보거나, 그녀에게 매료되는 사람도 적지 않았다.

조세핀이 마을에 발길을 들인 이후 첫 번째로 벌인 사업은 레테강을 따라 마을 밖까지 이어지는 산책로를 포장한 일이었다. 비가 오면 질척거리고 여름엔 각종 벌레가 서식하고 겨울에는 미끄러운 빙

판이 되곤 하던 길이었다. 산책로는 공사가 시작된 지 며칠 만에 바닥이 형형색색의 콘크리트와 우레탄으로 덮이고 양옆으로는 가로등이 줄지어 선 깔끔한 포장도로로 변신했다. 산책 시 걸리적거리던 나뭇가지들은 모두 치워졌으며 곳곳에 세련된 디자인의 벤치가 놓였다. 일부 사람들은 산책로가 더욱 안전해졌을 뿐 아니라 자전거도 탈 수 있게 되었다며 좋아했다.

그러나 이상하게도 대부분의 철학자들은 이러한 변화를 마땅치 않아 했다. 누구보다 먼저 불만을 드러낸 사람은 산책광인 칸트였다. 그는 거의 매일 정해진 시간에 맞춰 산책하는 것으로 유명했다.* 칸트는 도로 포장 공사 때문에 길이 죽어버려 산책할 맛이 뚝 떨어졌다고 말하곤 했다. 웬만해선 평정심을 잃지 않는 그였지만 한동안 만나는 사람마다 이렇게 말하곤 했다.

"이런 곳에 돈을 들인다는 것은 미친 짓이야."

3

모모는 당시 들뢰즈와 나눈 대화를 회상했다.

---

* 칸트는 매일 오후 3시 30분이면 산책을 하곤 했다. 그의 이웃들이 그가 산책하는 시간을 보고 시계의 시간을 맞췄다는 일화는 유명하다.

"모모야. 칸트 선생님 얘기 들었지?"

"네, 포장도로 때문에 화가 많이 나셨다는…."

"그래, 왜 그런지 아니?"

"글쎄요. 산책하실 때 땅에서 느끼는 질감이 사라져서 그런 게 아닐까요?"

"그런 것도 있겠지. 그렇지만 내 생각엔,"

모모는 호기심 어린 눈빛으로 들뢰즈 씨의 다음 말을 기다렸다.

"산책로의 포장으로 인해 길이 지닌 내면적 차이가 사라져 버렸기 때문이 아닌가 싶구나."

"길의 내면적 차이라구요?"

"그래, 생각해 보렴. 본래의 길은 사계절에 따라 차이를 보일 뿐 아니라 잘 관찰하면 매일 걸을 때마다, 날씨가 바뀔 때마다, 심지어 매 시간마다 상당한 차이를 보여준단다. 즉 산책자에게 길은 항상 같은 길이 아니란 얘기지."

"그렇게 볼 수도 있겠군요."

"그러한 길의 차이는 산책자에게 긴장과 여유로움을 함께 주게 되지. 길을 걷는 산책자는 그 미세한 차이를 몸으로 수용하고 자신도 모르게 그것에 자신을 맞추면서 내면으로부터 다양한 운동 역량을 발휘하게 되는 거야. 우리의 인식에 비유한다면 논리력뿐 아니라 상상력도 발휘하는 셈이 되는 것이지. 그런데 길이 시멘트와 콘크리트의 표준 규격으로 포장됨에 따라 그러한 차이가 확연히 줄어들거나 사라지게 되었어. 즉 산책로는 차이를 만들어내는 길에서 차이를 만들어내지 못하는 딱딱한 길로 변해버린 거야."

들뢰즈는 잠시 숨을 고른 후 다시 말을 이어갔다.

"차이를 만들어내지 못하는 것이야말로 진정 빈곤한 것이야. 그것은 더 이상 변화된 모습을 보여줄 수 없다는 뜻이지. 가령 한 마리의 살아 있는 벌레가 보여주는 수없이 많은 차이는 플라스틱으로 만든 장난감 벌레와는 비교할 수조차 없지 않겠니?"

모모는 일리가 있는 말이라 생각했다. 차이의 철학자로 불리는 들뢰즈는 이처럼 주변의 많은 일들을 차이를 만들어내는 역량에 따라 분류하거나 설명하곤 했다.

아무튼 조세핀은 마을의 변화에 적극 참여하려는 의욕을 보였으나 그녀에 대한 마을의 여론은 호불호가 선명하게 갈리고 있었다. 모모는 조세핀과의 짧은 대화를 뒤로하고 다시 자전거에 오르려는 순간, 앞쪽 거리의 벤치에 앉아 이 광경을 지켜보는 보르헤스 아저씨와 눈이 마주쳤다.

신임 도서관장
보르헤스

1

보르헤스는 최근 마을 도서관장에 임명된 인물이다.* 들리는 소문에는 중앙 정부 요직에 있는 누군가와 선이 닿아 불투명한 경로를 통해 그 자리에 임명되었다고 했다. 그러나 한편으로 생각하면 그가 이 정도의 직위를 맡는다는 것은 그의 화려한 커리어에 비추어 볼 때 그다지 어색한 일은 아니었다. 그는 여러 권의 책을 썼으며 그것들은 한때 꽤 유행하기도 했다. 한동안 국내외 지식인들은 보르헤스를 인용하지 않으면 지식인 축에 못 낀다는 듯 앞다투어 그의 글을 퍼 나르기도 했다.

---

* 보르헤스(Jorge Luis Borges, 1899~1986)는 아르헨티나의 작가로, 1955년 56세의 나이로 아르헨티나 국립도서관장에 임명되었다.

그러나 지금 그는 알 수 없는 괴질로 인해 거의 시력을 잃어가고 있었다. 수많은 안과 병원을 전전했으나 의사들은 병명조차 파악할 수 없었다. 본래 낙천적이고 의지가 강한 보르헤스는 그 사실을 능동적으로 수용하려는 듯 최근 「축복의 시Poema de los Dones」*를 발표하여 마을의 화제가 되기도 했다. 그의 시는 자신에게 실명의 고통과 수만 권의 장서를 동시에 선사한 신의 아이러니한 섭리에 대해 감사와 항변의 심정을 담담히 서술하고 있었다.

보르헤스는 다가오는 모모를 확인하자 턱으로 조세핀 쪽을 가리키며 나직하게 말했다.

"잘 보이지는 않지만 들리는 소리만으로도 어떤 상황인지 확연히 알게 되는군."

모모는 꺼져가는 보르헤스의 시력에 대해 안타까운 마음이 들었으나 드러내지 않으며 그를 바라보았다.

"그녀의 단점은 늘 자아 과잉 상태에 빠져 있다는 것이야. 마치 혼자 세상을 이끌어 가려는 듯한 기세로 행동하고 있지."

그는 속삭이듯 작은 목소리로 말했다. 이에 모모가 물었다.

---

* '누구도 눈물이나 비난쯤으로 깎아내리지 말기를 / 책과 밤을 동시에 주신 / 신의 경이로운 아이러니. 그 오묘함에 대한 / 나의 허심탄회한 심경을' (하략)
호르헤 루이스 보르헤스, 「부에노스 아이레스의 열기」, 우석균 역, 민음사, 1999.

"그런 자세는 바람직하지 않다고 봐야 하나요?"

"대체로 바람직하지 않다고 볼 수 있지. 그것은 자신의 내면보다는 현실을 지배하는 어떤 외부의 이데올로기에 사로잡혀 있다는 것을 의미하거든."

모모는 궁금한 표정을 지으며 되물었다.

"이데올로기란 뭐죠?"

"그것은…"

보르헤스는 잠시 뜸을 들이다 대답했다.

"사회 내 다수의 사람들이 시대의 변화를 의식하여 마치 유행처럼 관심을 갖는, 일종의 거대 담론을 말하는 것이지."

모모는 '거대 담론'이라는 말의 뜻을 묻고 싶었으나 보르헤스의 말을 끊고 싶지 않았으므로 본래의 질문을 이어갔다.

"그렇다면 이데올로기는 왜 바람직하지 않죠?"

모모의 질문은 대부분 이처럼 직설적이어서 당혹스러울 때도 있으나 핵심만을 짚으며 따라오는 경우가 대부분이어서 대화의 진행에 도움이 되기도 했다.

"이데올로기는 대개 우리로 하여금 거짓된 망상 속에서 삶을 살아가도록 만들거든. 그것은 삶의 의미, 목표라는 명분을 지니고 삶 위에 군림하려 하지. 그렇지만 이데올로기를 위해 살아가는 일은 주체적이지 못하다는 점에서 부끄러운 일이고, 그것을 위해 죽는 일은 더욱 부끄러운 일일 뿐이야. 가장 좋은 일은 그것으로부터 벗어나는 것이지."

보르헤스의 말은 조세핀에게는 가혹한 말일 수도 있었으나 쉽고도 명쾌한 설명이었다.

"그렇다면 우리는 삶의 의미나 목표를 어디서 찾아야 하죠? 지금까지 철학은 주로 그런 문제를 다루어왔던 것 아닌가요?"

보르헤스는 모모의 당돌한 질문에 자신도 모르게 미소를 지어 보였다. 눈앞에 있는 이 어린 소년은 대화의 핵심을 놓치지 않고 있었다.

"모모야, 나는 그 대답으로 『호밀밭의 파수꾼』*을 제시하고 싶구나."

2

"『호밀밭의 파수꾼』이요?"

예상치 못한 보르헤스의 대답에 모모의 목소리 톤이 조금 높아졌다.

"그래, 이 책은 인간이 무엇을 위해 살아야 하는가에 대해 현대적인 방식의 대답을 들려준 거의 최초의 책이라 볼 수 있지."

모모는 『호밀밭의 파수꾼』이 발간 즉시 지식인 사회에 상당한 파

---

* 원제는 *The Catcher in the Rye*. 미국의 작가 J. D. 샐린저가 1951년 출간한 소설.

문을 일으켰다는 것 정도는 이미 알고 있었다. 보르헤스는 벤치에서 일어나며 헛기침으로 잠시 목소리를 가다듬었다.

이제 그들은 길을 따라 함께 천천히 걸어 내려오고 있었다. 모모는 자전거 페달이 보르헤스의 다리에 걸리적거리지 않도록 신경 쓰고 있었다. 보르헤스는 말을 멈춘 지점에서 계속 이어나갔다.

"이 책에서 작가는 인간이 살아가기 위해서는 이데올로기와 같은 거창한 명분을 세울 필요는 없다는 점을 분명히 하고 있는데, 더 놀라운 것은 그 대안까지도 제시하고 있다는 점이지."

아직 『호밀밭의 파수꾼』을 읽지 않은 모모는 보르헤스 아저씨의 말을 알아듣지 못할까 신경이 쓰였지만 잠자코 듣고 있었다. 이러한 모모의 마음을 알아차리기라도 한 듯 보르헤스는 매우 이해하기 쉽도록 설명하고 있었다.

"작가에 따르면 이 세상은 벼랑 위에 만들어진 호밀밭이지. 즉 아이들은 추수가 끝난 호밀밭에서 뛰어놀고 있고 이를 지켜보는 관찰자인 '나'는 혹시나 아이들이 놀이에 정신이 팔려 벼랑으로 떨어지는 일이 없도록 그들의 작은 행동에도 신경을 집중하고 있는 상태라 보자는 것이지."

모모는 뜬금없긴 하지만 재미있는 설정이라는 생각이 들었다. 보르헤스는 말을 이어갔다.

"작가가 하려는 말은 삶의 의미를 찾기 위해서는 고귀한 이데올로기가 별도로 존재하지 않더라도 스스로 호밀밭의 파수꾼이 되려는 결심 정도만으로도 충분하다는 것이야. 그는 이 점을 설득하기 위해 소설을 썼다고 볼 수 있어."

보르헤스의 설명은 모모로 하여금 소설을 읽어보고 싶은 마음이 들도록 하기에 충분했다. 그는 결론을 더욱 분명히 하려는 듯 다음과 같이 덧붙였다.

"소설 속에서 사춘기 소년인 주인공은 삶의 의미를 찾지 못해 이리저리 방황하지. 그러다 소설의 후반부에서 마침내 가출을 결심하게 되는데 그 순간 자신보다 훨씬 어린 여동생이 주인공을 지켜주겠다며 가방을 챙겨 따라나서는 모습을 보고 어이없어하게 돼. 왜냐하면 그 애는 아직 초등학생이었거든. 그 순간 주인공은 문득 이런 생각을 하게 되지. '이 연약하고 철없는 영혼을 험악한 세상으로부터 지켜내는 것만으로도 내가 살아갈 의미로서 충분한 것 아닐까'라고. 그리고 바로 이 생각이 소설의 메시지인 것이지."

모모는 단 몇 줄로 소설의 핵심을 짚어낸 그의 문학적 경륜에 감탄을 금할 수 없었다. 이러한 모모의 생각을 아는지 모르는지 보르헤스는 자신의 말을 이어갔다.

"과거에 인간이 살아가기 위해서는 신, 민족, 국가, 정의 등 이름만

들어도 거창한 명분이 필요했지만 '이제 그런 것들은 개에게나 줘버려라, 나는 그저 평범한 일상 속에서, 남들이 볼 때 별것도 아닌 것 속에서 나만의 목적과 의미를 찾으련다' 뭐 이런 태도지."

잠자코 경청하던 모모가 말했다.

"그야말로 큰 것에서 작은 것으로 나아가는 가치의 전도가 일어났군요."

보르헤스는 모모가 요약적으로 결론을 짓는 것이 마음에 들었다. 그는 앞쪽으로 천천히 발걸음을 내디디며 대화를 원래의 주제로 되돌렸다.

"그런 점에서 본다면 조세핀은 자신이 최신 유행의 선두에 있다고 생각하지만 사실 그녀의 생각은 이미 지나간 낡은 것일 뿐이야. 왜냐하면 그녀는 어떤 커다란 생각에 사로잡혀 마을이 소중히 가꾸어 온 작고 소소한 일상을 소홀히 대하고 있기 때문이지."

모모는 보르헤스가 조세핀이라는 여성을 바라보는 자신만의 냉철한 관찰법을 지닌 인물이라 생각했다. 사람들은 흔히 큰 것을 기준으로 작은 것을 판단하곤 하지만 보르헤스는 작은 것을 통해 큰 것을 관찰하는 예민한 인물이라는 생각도 들었다. 그러한 그에게 모모 자신은 어떻게 비치고 있을까 생각하니 약간 뜨끔한 기분이 되기도 했다. 두 사람은 마을 중심의 갈림길에서 헤어졌다.

들뢰즈와 드라마

1

이제 모모는 들뢰즈가 아르바이트로 일하는 카페 쪽으로 향하고 있었다. 그가 일하는 카페는 레테 강변에 자리 잡고 있었으며 가게 내부 창가 쪽에서는 푸른 강물을 내다볼 수 있었다. 들뢰즈는 가게 앞쪽에 놓인 테이블들을 정리하고 있었다. 그는 대체로 합리적인 성품이었으나 때론 이해하지 못할 고집을 부리는 구석도 있었다. 가령 그는 오랜 천식으로 고생하고 있었으나 담배를 끊을 생각은 전혀 없어 보였다. 그나마 줄일 생각도 없는지 근무 시간 이외에는 줄담배를 피우곤 했다.* 모모는 근무에 열중하는 들뢰즈가 바빠 보여서 그냥 지나치려 했으나 그에게 먼저 말을 건 것은 들뢰즈였다.

---

* 들뢰즈는 천식으로 오랜 기간 고생했고 종내 스스로 삶을 마감했다.

"모모야, 학교에서 오는 길이니?"

"네."

"오늘 재미있게 들은 수업이라도 있니?"

"네, 칸트 선생님한테 인식론을 배웠어요."

"칸트 선생님은 아직도 인식론을 가르치시는구나."

들뢰즈는 자신의 학창 시절이 생각난다는 듯 중얼거렸다.

"그래, 어땠니?"

"선생님 자신의 종합 이론을 설명하시면서 들뢰즈 씨의 드라마화와 비교하셨어요."

"내 얘기를?"

들뢰즈는 놀라는 표정을 지었다.

"그뿐 아니라 기회가 되면 들뢰즈 씨한테서 직접 드라마화에 대해 들어보라고도 하셨는걸요."

"칸트 선생님이 그렇게 말씀하셨단 말이지?"

"네."

2

들뢰즈는 잠시 생각에 잠겼다 가게 안쪽을 힐끗 돌아보았다. 근무 시간에 잡담을 하는 것이 마음에 걸리는 모양이었다.

"드라마화라는 건 말이야."

들뢰즈는 작은 목소리로 입을 열었다.

"칸트 선생님이 인식 과정을 수학이나 논리적 과정으로 설명하셨다면 나는 그것보다는 소설과 같은 예술의 창작 과정에 비유하려다 보니 쓰게 된 용어이지. 즉 나는 인식이란 대상을 파악하는 논리적 과정이라기보다는, 그 대상이 우리의 내면에서 생겨나거나 만들어지는 창조적인 과정이라 생각한단다. 말하자면 인식이란 기존의 것을 단순히 발견하는 것이 아니라 발견되어야 할 것을 스스로 만들어가는, 즉 창작하는 행위라 본다는 말이지."

모모는 인식이 '발견이 아니라 창작'이라는 말은 여전히 쉽지 않은 말이라 생각했다.

"왜냐하면 의식은 자신의 손을 거쳐 성립된 것만을 인식할 수 있기 때문인데 나는 그것을 내재성immanence*의 원리라 부르고 있지."

모모는 어디선가 '내재성'이라는 용어를 들은 적이 있었다. 그것은 '차이'라는 용어와 더불어 들뢰즈 철학의 핵심적인 개념으로 취급되고 있다고 했다.

"지금 말씀하신 내재성은 차이와 더불어 들뢰즈 씨의 핵심 개념이

---

* 마지막 논문 「내재성 – 하나의 생명L'Immanence: une vie (1995)에서 들뢰즈는 진리는 외부에서 발견되는 것이 아니라 생명 내부로부터의 운동, 즉 끊임없는 차이 내기를 통해 생성되는 것임을 주장한다.

아닌가요?"

"맞다. 나의 철학에서 차이만큼이나 핵심적인 개념이지. 그렇지만 이것은 좀 어려운 얘긴데… 인식이란 칸트 선생님의 말처럼 어느 순간에 '척' 하고 완성되는 것이 아니라 어떤 관계를 맺어가는 과정 또는 상호 길들여지는 과정으로 보자는 것이지. 말하자면 대상을 보는 것으로 만족하는 것이 아니라 손으로 쓰다듬고 어루만지는 일이라고나 할까. 무언가를 진정 안다는 것은 그런 식으로 자신만의 독특한 과정 속에서 이루어내는 것이지. 예술가가 자신만의 예술 작품을 만들어내듯이 말이다."

모모는 그의 말이 그럴듯하다고 생각했다. 관점만 바꿀 수 있다면 그다지 어려울 것 없는 내용이라는 생각도 들었다. 결국 인식이란 한순간에 달성되는 어떤 정적인 깨달음이 아니라 동적인 과정이고, 그것의 목표인 진리는 '된ready-made' 진리가 아니라 '되어가는becoming' 진리를 일컫는 것 같았다.

3

들뢰즈는 조급한 듯 서둘러 결론을 짓고 있었다.

"결론적으로 말하자면 나는 인식 활동을 직관적으로 앎에 이르는 수학자의 일이 아니라 경험을 쌓아가면서 알아가는 소설가나 예술

가의 활동에 비유했지. 그래서 그 과정을 드라마화라 부른 것이고."

그것은 쉽고 명료한 설명이었다.

"그러면 인식이란 눈으로 지각하는 활동보다는 오히려 스토리텔링story-telling 행위에 가까운 것이 될 수 있겠군요."

들뢰즈는 내심 모모의 영민함에 감탄하지 않을 수 없었다.

"그렇게 볼 수 있지. 사람들은 인식이라면 대개 눈으로 바라보는 이미지를 그리곤 하지만, 나는 오히려 입으로 말하는 이미지가 더욱 적절하다고 생각한단다. 눈으로 바라볼 때는 대상이 거의 자동으로 의식 안으로 유입되지만 입으로 말할 때는 어떤 말을 해야 할지에 대한 주체의 고민이 선행되거든. 인식의 본질은 자동화된 과정을 밟는 일이 아니라 어떤 불확실성에 직면하는 주체의 고민과 고통에 있다는 것이지. 한마디로 창작의 고통이라고나 할까."

"그렇다면 그 과정은 인식이라는 단어로 표현하기에는 뭔가 부적절하다는 느낌이 드는데요?"

들뢰즈는 자신의 생각을 정확히 따라오는 모모에게 만족스럽다는 표정으로 대답했다.

"그렇지. 그런 점에서 나는 '인식'이라는 표현을 그다지 좋아하지 않는단다. 그것에는 지나치게 논리적 냄새가 배어 있는 것 같아서. 그보다는 '사유'라는 표현을 쓰는 편이 좋다고 생각한단다. 말하자면 기존 철학에서 말하곤 했던 종합으로서의 인식*이란 사유라는 드라마화 과정의 일부라고 할 수 있겠지."

4

그 순간 모모는 아까 학교에서 학생이 던졌던 질문이 생각나 그 내용을 들뢰즈로부터 확인받고 싶은 충동이 들었다.

"들뢰즈 씨가 언급하신 드라마란 우리가 평소 TV에서 보는 그 드라마와 같은 종류의 것인가요?"

들뢰즈는 잠시 당혹스런 표정을 지었지만 이내 밝은 목소리로 대답했다.

"그래, 드라마 중에서도 아주 재미있는 드라마에 비유할 수 있겠구나. 인식이란 평범하고 지루한 과정 속에서 성립하는 것이 아니라 오히려 드라마틱하게 성립하는 것이라고 할 수 있으니까 말이야."

들뢰즈는 자신과 칸트의 차이를 분명히 하려는 듯 다음과 같이 덧붙였다.

"칸트 선생님은 인식 과정을 자동으로 이루어지는 단조롭고 지루한 수학적 과정 정도로 생각하셨지만 그것이 만일 소설 작품이라면

---

* 신체 기관들에 의해 수용된 감각들이 개념으로 종합된다고 주장하는 칸트의 인식론이 대표적이다.

그래선 안 되지."

모모는 그 말이 무슨 뜻인지 정확히 알 수 없었지만 철학 공부를 재미있게 할 수 있다면 더욱 좋을 것 같다는 생각이 들었다.

"그렇다면 드라마를 보는 일도 철학을 하는 게 될 수 있나요?"

들뢰즈는 웃음을 참을 수 없었다. 그것은 어쩌면 자신이 드라마화라는 용어를 고안할 때부터 피할 수 없는 질문인지도 몰랐다.

"하하, TV드라마를 많이 보면 자신이 미처 알지 못했던 개념을 알게 되거나 심지어 새로운 개념을 창조하는 경우도 있을 수 있겠지. 그러나 그것만으로 철학을 공부하기는 좀 부족하지 않을까? 너도 좀 더 크면 알겠지만 우리가 살아가는 현실이야말로 드라마보다 훨씬 드라마틱하거든. 드라마는 그것을 순화하거나 축소한 것일 뿐이지. 왜냐하면 드라마는 방송 심의라는 관문을 통과해야 하니까 말이야. 하하."

이때 카페의 매니저가 들뢰즈를 불렀다. 카페는 손님들로 북적이기 시작했고 일손이 필요해졌기 때문이었다.

"이런, 휴식 시간을 끝내야겠구나. 재미있는 대화였다."

"저도 재밌었어요. 늘 보던 드라마에 대해 새로운 느낌을 가질 수 있게 되어서 기쁜걸요."

"하하, 한 편의 드라마를 보더라도 새로운 개념의 창조[*]라는 관점에서 볼 수 있다면 더 즐거운 일이 될 수 있겠지. 이만 가봐야겠구나. 조금 더 늦어지면 매니저님께서 화내실 것 같거든."

---

[*] 들뢰즈는 철학을 '개념의 창조'라 정의했다.

장 보는
하이데거 부부

1

모모는 자전거에 올라 레테강을 가로지르는 다리를 건너고 있었
다. 작고 아름다운 다리였다. 그 다리는 한때 미네르바에 거주했던
비트겐슈타인이라는 철학자가 설계했다고 했다. 건너편 강가에서
장이 열린 듯 사람들이 부산하게 움직이고 있었다. 오가는 사람들
사이에서 하이데거 부부가 눈에 들어왔다. 그들은 평범한 노부부의
외양을 하고 있었으나 모모의 눈에 하이데거의 존재감은 대단한 것
으로 느껴졌다. 그는 20세기를 인식론의 시대에서 존재론의 시대로
전환시킨 철학계의 별과 같은 존재였다. 그러나 지금 그는 자신의
손으로 수확한 농작물을 팔아 필요한 생활 물품을 사러 나온 평범한

모습의 농부였다.[*]

하이데거는 다소 수줍고 말수가 적은 전형적인 독일인이었다. 그가 처음 이사 왔을 때 마을의 중심지나 주택가가 아닌 숲속의 고즈넉한 오두막을 고집했던 것도 사람들과의 접촉을 꺼렸기 때문이었을 것이다. 이따금 마을에 모습을 나타낼 때도 거의 말이 없어 어떤 이들은 한동안 그가 벙어리인 줄 알았다고 했다. 뼛속까지 존재론자인 그는 언어적 표현을 그다지 신뢰하지 않는지도 몰랐다. 존재론자의 관점에서 우리의 일상적 언어는 너무도 쉽게 오용되거나 오염될 수 있는 것이니 말이다.

하이데거 역시 칸트 못지않은 산책광이어서 낡은 모자를 쓴 채 숲속의 오솔길이나 강변 산책로를 따라 걷는 모습이 자주 눈에 띄곤 했다. 아마 그도 조세핀이 강변 산책로에 남긴 문명의 흔적을 보고 경악하지 않았을까 짐작되었다. 칸트 선생님처럼 말로 표현하지는 않았을지라도 마음속으로 '이런 우라질!' 정도의 탄식을 내뱉었을 것이 분명했다.

---

* 하이데거는 1951년 프라이부르크 대학교 교수직에서 은퇴한 후 1976년 사망할 때까지 인근 슈바르츠발트 숲속의 통나무집에서 은자와 같은 모습으로 조용한 삶을 살았다.

이러한 짐작이 가능한 것은 그가 모든 인위적인 문명이나 기술을 부정적인 시선으로 바라보는 인물이기 때문이다. 그는 기술에 의존하는 현대인들을 호랑이 등에 올라탄 위태로운 신세로 표현하곤 했다. 그런 점에서 그는 비관론자였다. 그는 기술에 중독된 현대인이 자연에 의해 치유되는 길은 불가능하다고 생각했다.* 이런 점에서 그의 사유는 후반부로 갈수록 종말론적이고 묵시론적인 색조를 띠었다.

2
〰

하이데거가 볼 때 오늘날 인간은 눈앞의 한 그루 나무조차도 있는 그대로 보는 것이 불가능하다. 모든 인간은 기존의 기술과 정보에 의해 이미 편견에 사로잡힌 상태이므로 객관적으로 사물을 볼 수 없다는 것이다. 우리가 보는 것은 단지 누군가가 알려준 어떤 정보, 지식의 덩어리일 뿐이다. 하이데거는 **물자체**物自體, Ding an sich**를 주장하며 인식 능력의 한계를 인정한 칸트와는 다른 맥락에서 우리의

---

* 하이데거는 저서 『숲길Holzwege』(1950)에서 현대를 "세계는 황폐해졌고, 신들은 떠나버렸으며, 대지는 파괴되고, 인간들은 정체성과 인격을 상실한 채 대중의 일원으로 전락해 버린 시대"라 비판했다.

** 물자체는 칸트가 사용한 용어다. 칸트는 인식은 주관적인 과정이므로 객관적으로 존재하는 대상인 물자체에 결코 도달할 수 없다고 주장했다.

인식은 직접적으로 대상을 파악할 수 없다고 말한다.

이러한 하이데거의 주장에 반발하여 자신만의 독특한 의견을 제시한 이는 다윈이었다. 다윈이 내세운 것은 이번에도 진화론이었다. 다윈에 따르면 인간과 나무는 오랜 역사를 통해 가장 생존하기 유리한 방식으로 상호 관계를 진화시켜 왔다는 것이다. 현재까지의 진화는 생존의 관점에서 가장 충분한 상태이며 그 이상으로 나무를 '정확히' 인식하는 것은 불가능하다기보다 '불필요하다'는 주장이었다. 다윈에 따르면 인간의 인식이란 생존을 위한 필요의 산물일 뿐이고, 필요에 부합하지 않는 인식이란 생존에 위태로움을 초래할 뿐이라는 것이다.

놀랍게도 하이데거는 그러한 다윈의 주장을 반박하거나 거부하지 않았다. 그는 오히려 세계-내-존재In-der-Welt-Sein*라는 용어를 새로 만들어냄으로써 그것을 적극 수용했다. 그 용어의 의미는 인간과 세계가 끊임없이 공동으로 생기**한다는 것으로 다윈의 진화론적 관

- 『존재와 시간Sein und Zeit』(1927)에서 사용한 단어로, 인간은 진공 상태에 독립적으로 존재하는 것이 아니며 반드시 세계 내 어딘가에, 그리고 세계와의 어떤 관련성 속에서 존재한다는 뜻이다.
- ** 生起. 독일어로는 'geschehen'으로 '사건, 벌어지는 일'이라는 뜻의 단어이다. 만물이 거듭하여 새로운 것으로 만들어진다는 뜻이다.

점과 크게 다르지 않았다.*

사실 다윈의 진화론은 프로이트의 정신분석학과 더불어 한 사상의 현대성을 가늠하는 시금석이나 다름없었다. 진화론에 부합하지 않거나 그것을 수용할 수 없는 모든 사상은 낡은 사상일 뿐이다. 그런 점에서 본다면 헤겔Georg Friedrich Hegel조차도 그의 사상이 아무리 심오하고 현대적인 사유의 씨앗들을 풍부하게 내포하고 있다 해도, 다윈을 몰랐으므로 현대성의 문턱을 넘을 수 없었다.**

모모는 하이데거를 공공장소에서 몇 차례 봤을 뿐 그와 대화를 나눈 적은 별로 없었다. 사실 하이데거의 말은 어렵기로 정평이 나 있었다. 그렇지만 모모는 지금까지 다양한 철학 사상을 귀동냥해 왔으므로, 이제는 하이데거의 오두막을 방문하여 그에게 직접 설명을 들어도 되지 않을까 생각해 보았다. 하이데거는 숲속의 생활이 적적했는지 자신을 방문하는 사람은 누구이든 반갑게 맞아준다는 후문이었다.

---

* 후일 생물학계에서는 이 사태를 표현하기 위해 '공진화(coevolution)'라는 신조어를 만들어냈다.
** 헤겔은 다윈의 「종의 기원The Origin of Species」이 출간(1859년)되기 이전인 1830년에 사망했다.

니체의 카페
'영원회귀'

1

다리를 건너자 니체 아저씨의 카페 '영원회귀'*가 눈에 들어왔다. 카페는 길이 여러 갈래로 분기되는 목 좋은 지점에 자리 잡고 있었다.

니체는 본래 목사의 아들이었으나 지금은 아무런 종교도 갖지 않은 상태였다. 옛 문헌들을 즐겨 읽는 그가 조로아스터교를 믿게 되었다는 소문도 있었으나** 사실을 확인할 수는 없었다. 그는 자신과 관련된 사안들에 극도로 민감하게 반응하지만 대개는 함구하는 편

---

* 니체 철학의 핵심은 '영원회귀'와 '힘에의 의지'로 요약된다. 그는 끝없이 새로움을 추구하는 행위를 '영원회귀', 그러한 행위를 할 수 있는 용기 또는 간절함을 '힘에의 의지'라 규정했다.
** 니체의 저서 제목에 나오는 이름 '차라투스트라(Zarathustra)'는 영어식으로 '조로아스터(Zoroaster)'로, 페르시아에서 태동한 조로아스터교의 창시자를 일컫는다.

이었기 때문이었다.

모모가 다가왔을 때 니체는 카페 문 앞 테라스 의자에 걸터앉아 턱을 괴고 멍하니 거리를 바라보고 있었다.

"영원회귀에는 아무런 문제가 없나요?"

모모가 자전거를 세우며 익살스럽게 말을 걸며 다가오자 니체는 짐짓 놀란 듯 그를 바라보다 이내 미소 띤 표정을 지었다.

"항상 문제로 들끓고 있지. 문제가 없다면 다시는 회귀하지 않을 테니까 말이야."

부드러운 목소리였으나 의미심장한 대답이었다. 삶에 대하여 갖는 문제의식만이 모든 것들로 하여금 쉼 없이 삶으로 회귀하도록 만든다는 의미였다. 이상한 말처럼 들리겠지만 문제의 내용은 중요하지 않았다. 중요한 것은 문제의식이었다. 문제의식이 없다면 다시 돌아올 이유도 열정도 생겨나지 않을 것이었다.

"왜 영원회귀해야 하는 거죠?"

모모는 언제나처럼 궁금한 점을 직선적으로 물었다.

"그것은… 인간이 매일 새로운 존재로 살아가고 있고 또한 살아가야 하기 때문이겠지. 오늘은 어제와 같지 않고 내일은 오늘과 같지 않은 삶을 추구하려는 것이라고나 할까."

일반적으로 철학자들이 한두 문장으로 자신의 철학과 관련한 결론을 표현하려 하지 않는다는 점을 고려한다면 니체가 이렇게나 간명하게 답변을 해준다는 것은 놀라운 일이었다.

"그렇다면 인간은 왜 매 순간 새로운 삶을 살아가야 하는 거죠?"

그것은 얼핏 앞의 질문과 비슷하게 들렸다. 말하자면 모모는 차근차근 물어 들어가고 있었던 것이다. 니체는 잠시 모모를 빤히 쳐다보다 천천히 대답을 시작했다.

"그것만이 어떤 구원이기 때문이지."

모모는 니체의 입에서 '구원'이라는 단어가 나오는 순간 놀라지 않을 수 없었다. 니체는 오래전에 기독교에서 이탈한 인물이었으므로 그런 종류의 개념과는 거리가 먼 사람이라 생각했기 때문이다.

"구원이요? 영원회귀가 어떻게 구원이 될 수 있죠?"

"그것은…"

니체 씨는 잠시 생각하다 말을 이어갔다.

"인간에게 있어 가장 근본적인 구원은 밖에서 오는 것이 아니라 스스로의 변화로부터 오기 때문이지. 가령 깊은 절망*에 빠진 어떤 인간이 있다고 한번 생각해 보렴. 모든 외적 수단을 다 동원했어도

---

* 니체가 말하는 절망이란 완전한 허무주의로서의 니힐리즘(nihilism)을 뜻한다. 키르케고르는 이것을 '죽음에 이르는 병'이라 부르기도 했다.

그가 절망감에서 빠져나올 수 없다면 그에게 남은 방법은 뭘까?"

모모는 니체의 말이 잘 이해되지 않는다는 듯 고개를 갸우뚱했다. 그 모습을 본 니체가 말을 이어갔다.

"바로 스스로 변하는 거란다. 그에게 남은 방법은 그것뿐이지. 즉 인간이란 과거와 전혀 다른 사람이 되는 것으로 자신을 구원할 수 있는 존재지. 그 이외의 구원이란 잠시 그럴듯하게 보여도 나중에 돌아보면 대개는 효험이 없는 것들일 뿐이란다."

그것은 상당히 충격적인 애기였다. 그렇지만 한편으로는 맞는 말 같기도 했다. 기존의 삶의 자세, 삶의 방식에서 아예 이탈한다면 그를 짓누르는 절망이라는 문제 자체가 전혀 다르게 정의되고 말 테니까.*

"그렇다 해도 한 인간이 전혀 다른 인간으로 변화하는 것이 가능한가요?"

니체는 대화의 요점을 제대로 짚으며 따라오는 모모의 총명함에 조금 놀랐다. 그는 기분 좋은 표정으로 모모를 물끄러미 바라보다 천천히 입을 뗐다.

---

* 사뮈엘 베케트는 자신의 희곡 작품 〈고도를 기다리며En attendant Godot〉(1952)를 통해 구원에 대한 기약 없는 기다림보다 오히려 인간 스스로의 변화를 그 대안으로 제시했다.

"가능성을 말하기 이전에 사실은 그것이 인간의 본래 모습이란다. 인간이란 매 순간 사건을 겪으면서 전혀 다른 존재로 변화하고 있지. 다만 그가 삶의 단일성이라는 재현적 망상에 사로잡혀 그 사실을 망각하고 있을 뿐이야."

"재현적 망상이라구요?"

"그래, 남들의 생각을 그저 되풀이하고 있으니 재현적이라 할 수 있고, 아무런 근거도 없으니 망상일 뿐이지."

모모는 혼란스러워졌다. 무엇보다 니체가 사용하는 구원이라는 개념이 기존의 구원 개념과 다르게 사용되고 있는 것 같아 좀처럼 이해되지 않았다. 그는 다시 질문을 이어갔다.

"그 말씀은 인간이란 살아가면서 거듭해서 구원받아야 할 존재이기에 영원회귀를 주장하셨다는 말씀인가요?"

"그렇다고 볼 수 있지. 사실 인간은 한 번 태어났다가 한 번 죽는 존재가 아니란다. 인간의 삶이란 무수한 사건들의 총체이고 그것은 그가 매번 사건의 유한성을 경험하는 존재라는 뜻이지."

모모에게 삶이 사건들의 총체라는 말은 몹시 어렵게 들렸다. 그는 니체 씨의 말을 다시 한 번 요약해서 확인하고 싶었다.

"그렇다면 영원회귀란 삶 속에서 거듭 되풀이되는 '개별 사건들의 유한성'을 극복하기 위한 수단인 셈인가요?"

니체는 모모가 자신의 말을 비교적 잘 요약했다고 생각했다. 그는 빙긋 웃으며 대답했다.

"맞는 말이긴 한데… 유한성을 극복한다기보다는, 유한성이라는 절망스런 상태로부터 구원받는다고 표현하는 것이 더 옳을 것 같구나."

어려운 말이었으나 모모는 니체의 설명이 '변화를 통한 차이 내기'를 삶의 운명으로 여기는 들뢰즈의 생각과 크게 다르지 않다고 생각했다.

2

그러나 한편으로는 그것만으로는 충분치 않다는 생각이 들었다. 그것은 너무나 개인적인 입장일 뿐 아닌가? 즉 인간은 혼자 사는 것이 아니라 가족, 사회, 국가와 영향을 주고받으며 살아가는 존재가 아닌가? 이 문제만큼은 다윈 씨가 주장하는 진화론으로도 잘 풀리지 않는 것 같았다. 모모는 이전부터 이 문제에 대해 니체 씨에게 질문하리라고 결심하고 있었고 마침내 오늘 좋은 기회가 왔다고 생각했다.

"영원회귀는 단지 개인적 실존의 문제일 뿐인가요? 그들을 둘러싼 사회와의 관계는 어떻게 되는 거죠? 개인은 그런 것과는 상관없이 홀로 내면적 구원에만 몰두하면 되는 건가요?"

니체는 모모의 질문이 일반 중학생의 수준을 넘어서는 날카로움을 지녔다고 생각했다. 그는 마음속에 어떤 욕심이 생겨남을 느꼈다.

그는 이 총명한 소년이 자신이 하는 말을 더 쉽게 이해할 수 있기를 진심으로 바라게 되었다.

"개인을 둘러싼 사회적, 국가적 문제는 필연적으로 어떤 재현 representation＊의 문제가 되지. 사회 속의 인간이란 항시 남들을 곁눈질하고 모방하며 살아가는 존재니까. 그리고 재현은 일종의 유행과도 같은 거대 담론, 즉 이데올로기를 낳게 돼."

모모는 여기까지는 알아들을 수 있어서 다행이라 생각했다. 그러나 논의가 이보다 어려워지게 되면 아마 이해하지 못하게 되고 말 것이라는 걱정이 들기 시작했다. 그렇지만 니체는 자신이 최대한 쉽게 설명하고 있다고 생각하며 말을 이어갔다.

"그러나 우리는 이 점을 알면서도 사회 속에서 살아가는 한 이데올로기의 탁류 속에 몸을 눕히지 않을 수 없단다. 대중화된 사회에서 이데올로기란 우리가 호흡하는 공기와 같은 것이니까.

다만 우리는 가끔씩 어떤 계기로든 자신이 이데올로기 속에 빠져 있다는 것을 눈치채거나 이데올로기를 의심하는 순간에 이르곤 하지. 카뮈 씨가 말한 대로 '삶의 부조리함absurdity'에 눈을 뜨는 순간, 또는 사르트르 씨가 말한 '구토'의 순간이 바로 그런 순간이지. 그렇

＊ 인식하는 주관과 인식되는 대상을 별개의 존재로 전제하고 주관적인 의식을 외부의 대상에 일치시킴으로써 진리에 도달한다고 생각하는 인식 방법론이다. 즉 의식은 외부의 대상을 자신의 내부에 재현함으로써 진리에 이른다는 관점을 일컫는다.

게 눈치채는 순간 우리는 잠시라도 이데올로기로부터 벗어날 가능성을 갖게 된단다. 물론 시간이 지나면 다시 이데올로기 속으로 이끌려 들어오게 되겠지만."

모모는 이데올로기에서 빠져나오기 위해서는 먼저 스스로 이데올로기에 빠져 있다는 사실을 깨달아야 한다는 그의 말이 매우 타당한 것이라 생각되었다. 그것은 악몽을 꾸는 사람이 꿈에서 빠져나오기 위해서는 먼저 자신이 꿈을 꾸고 있다는 사실을 자각해야 한다는 것과 같은 맥락인 듯싶었다.

"이처럼 이데올로기로부터 벗어남과 이끌려 들어옴이 삶 속에서 되풀이되는 일을 들뢰즈 군은 반복이라 했고 나는 회귀라 부른단다."

3

모모는 니체 씨와 들뢰즈 씨의 공통점은 곳곳에서 드러난다고 생각했다. 한편으로 그것은 당연한 일이라는 생각도 들었다. 일찍이 들뢰즈 씨는 니체 씨에 대한 책을 쓴 적도 있었다.* 니체는 말을 이어갔다.

"말하자면 우리는 이데올로기화된 기존의 현실에 참여해야 하지만 또한 벗어나기도 해야 해. 그것을 반복이든, 영원회귀든, 발생이

---

* 『니체와 철학Nietzsche et la philosophie』으로 1962년 출간되었다.

든, 변화든, 생기든 뭐라 표현해도 상관은 없지만 말이야."

모모는 내심 놀라지 않을 수 없었다. 지금까지 그는 니체 씨를 사회적 문제를 회피하며 개인적인 문제에만 몰두해 온 철학자로 오해하고 있었기 때문이다.* 니체는 조금 더 설명을 부연했다.

"사정이 이렇다면 우리는 현실을 조금 더 가볍게 여기는 편이 좋겠지. 그래야 더욱 쉽게, 그리고 더욱 빈번히 그것의 이데올로기로부터 벗어날 수 있게 될 테니까. 그래서 나는 무거운 것보다 가벼운 것을 좋아한단다."

니체가 가벼운 것을 좋아한다는 것은 마을에서도 익히 알려진 얘기였다.** 그러나 그의 가벼움이 정확히 무엇을 뜻하는지 아는 사람은 거의 없었다.

"현실을 가볍게 여긴다는 것은 무슨 뜻이죠?"

"현실을 어떤 놀이, 장난, 유희 같은 것으로 여기는 태도이지. 예를 들자면 무거운 것이란 군중들 앞에서 행하는 기성 정치인의 엄숙한 연설 같은 것이고, 가벼운 것이란 동네 슈퍼 앞에서 우연히 만난 아줌마들의 수다 같은 것이지."

"그러니까 이데올로기로부터 벗어난다는 것은, 현실을 지나치게

---

* 니체는 저서 『차라투스트라는 이렇게 말했다Also sprach Zarathustra』(1883)에서 차라투스트라가 개인적인 수행에만 몰두하지 않고 사회적 현실로 돌아오고 있음을 묘사하고 있다.
** 니체는 그의 저서 『차라투스트라는 이렇게 말했다』에서 '가벼움'에 대한 예찬을 거듭하고 있다.

심각하거나 계산적인 태도로 대하지 않는 행위들을 뜻하는 것이군
요?"

모모의 응수는 정확한 것이었다. 그가 여기까지 니체의 말뜻을 정
확히 쫓아오는 일은 사실 놀라운 일이었으나, 서서히 자기 도취 상
태로 빠져들고 있는 니체는 그것을 당연한 것으로 여기는 듯했다.
"그렇다고 볼 수 있지."
이제 니체는 스스로의 말에 도취되기 일보 직전으로 보였다. 그는
스르르 눈을 감으며 말을 이어갔다.
"이 가벼움을 나는 사랑한단다. 참을 수 없도록 가벼워진다면, 그
래서 마침내 현실은 완전한 유희가 되고, 이데올로기의 중력이 제로
가 된다면 나는 자유로워져 공중으로 둥둥 떠오르게 되겠지."

4

그 순간 모모는 온몸으로 일종의 전율을 느꼈다. 지금 니체의 말
은 이데올로기의 질서에서 벗어나 초인Übermensch*이 되어가는 상

---

* 차이, 변화를 통해 끊임없이 현재의 자신을 뛰어넘으려는 인간. 니체 특유의 용어로 우리의 일상적 용어인 '수행자(修行者)'와 크게 다르지 않다.

태를 묘사하고 있으나, 그것의 실상은 평화로운 일상이 생사를 넘나드는 모험으로 변화하는 상태였다. 이데올로기는 그것이 비록 재현적 망상일지라도 현실의 평화를 수호하는 엄연한 질서였다. 그것으로부터 이탈하는 일이 천국으로 가는 길일지, 지옥으로 가는 길일지는 아무도 몰랐다. 어쩌면 그것은 평화로운 어린이 놀이터가 일순간에 전쟁터로 변하는 사태를 의미하는 것일 수도 있었다.

모모는 자신의 감정을 솔직히 표현하는 소년이었다. 그는 니체의 말을 완전히 알아들은 것은 아니었으나 그럼에도 어안이 벙벙한 표정이 되었다. 비록 짧은 대화였지만 그는 니체 씨를 재발견한 느낌이 들었다. 니체는 정신이 돌아온 듯 그러한 모모의 표정을 보고 짓궂게 말했다.

"어안이 벙벙해진 얼굴이 된 것을 보니 내 말을 비교적 잘 알아들은 듯하군. 철학을 하는 재미란 이런 것이지. 하하."

그때 문 앞으로 누군가 걸어 나왔다. 니체의 여동생인 엘리자베트였다. 그녀는 카페의 운영은 물론 병약한 니체의 곁에서 그와 관련된 모든 것을 챙겨주는 존재였다. 그녀의 보살핌이 어찌나 극진했는지 마을 사람들은 그들이 처음 마을에 왔을 때 두 사람이 부부인 줄로 착각하기도 했다. 니체는 보르헤스 정도는 아니었으나 만성적인 안질이 있었고 지독한 근시에 시달렸다. 이 무렵엔 정신 질환도 악화되어 가끔씩 졸도하는 경우도 발생하곤 했다.

"오빠, 약 먹고 쉴 시간이에요. 그리고 이렇게 오래 찬 바람을 쐬는 것은 좋지 않아요."

엘리자베트는 모모에게는 별 관심이 없었다. 질풍노도의 시기를 지나는 동네 불량소년 정도쯤으로 생각하고 있었던 것이다. 그러나 엘리자베트는 가게 안쪽에서 그들의 대화가 진지하게 이어지는 것을 지켜보고 내심 놀라고 있던 터였다. 까다롭고 내성적인 니체가 누군가와 길게 대화를 하는 경우는 매우 드물었다. 대부분의 사람들은 그의 말을 알아듣지 못했고 니체는 대화 중간에 흥미를 상실하곤 했던 것이다.

'제법이네. 오빠의 말을 즉시 알아듣는 사람도 다 있단 말이지?'

모모는 니체와 간단한 작별 인사를 나누고 집 쪽으로 가던 길을 재촉했다. 오는 길에 과도한 두뇌 사용으로 인해 에너지를 너무 많이 소비한 탓인지 배도 조금씩 고파오는 것 같았다.

조르바,
미네르바의 자유인

1

'오늘은 참 이상한 날이다. 학교에서 철학 수업을 한 데다 오는 길에 철학자 아저씨들을 만나서 너무 많은 얘길 들었더니 머리가 무거워진 기분이야. 어서 집에 가서 들은 내용들을 노트에 정리해 두고 머리를 좀 비워야겠어.'

이렇게 생각하며 모모는 집 쪽으로 힘차게 페달을 밟았다. 집에 거의 도착할 무렵 그는 산등성이 쪽에서 내려오는 조르바 아저씨의 모습을 보았다. 조르바는 4, 5명쯤 되는 일행과 떠들썩하게 얘기를 나누며 시내 쪽으로 향하고 있었다. 하루 일을 마치고 저녁 식사를 하거나 술을 마시기 위해 식당으로 향하는 듯했다. 모모는 그들의 뒷모습을 가만히 지켜보았다.

조르바는 본래 이곳저곳을 떠도는 외톨이였는데 몇 개월 전에 이 마을로 흘러들었다. 그의 고향은 그리스 어디쯤이라 했다.[*] 그는 능란한 언변으로 어떤 돈 많고 세상 경험이 부족한 젊은 상속자를 꼬드겨 마을 뒷산의 탄광을 개발 중이었다. 이곳에 매장된 석탄은 양은 물론 질도 매우 좋아 사업성이 충분하다는 판단이었다. 조르바는 탄광 사업을 위한 장비를 들여오고, 사람을 고용하고, 땅을 파기 시작했는데 그 과정에서 이웃 도시로도 부산하게 나다니는 바쁜 일상을 보내고 있었다. 그런 와중에도 그는 저녁이면 술집 등에서 여성들과 즐겁게 시간을 보내며 자신이 하는 일만 잘되면 마을 사람 모두가 잘살게 될 것이라며 큰소리를 치고 있었다. 그러면서도 그는 이 사업에 모든 자금을 제공하고 혹시 사업이 잘못되지나 않을까 조바심치는 젊은 사업가의 우려에는 아랑곳하지 않는 모습을 보였다.

"이 마을이 생긴 이래 이 정도의 일자리를 만든 적은 없을걸!"

그는 사람들 앞에서 호탕하게 웃곤 했다.

2

모모는 직감적으로 조르바에게 있어 삶이란 어떤 해학극과 같은

---

[*] 니코스 카잔차키스, 『그리스인 조르바*Βίος και Πολιτεία του Αλέξη Ζορμπά*』, 1946년 출간.

것이라 느꼈다. 들뢰즈에게 삶이 어떤 드라마라면 조르바에게는 해학극이었다. 물론 해학극도 드라마의 일종이지만 드라마 중에서도 가장 가벼운 장르였기에 모모는 오히려 이편이 더욱 마음에 들었다.

조르바는 주변 사람들과 가볍고 경쾌하게 대화했으며 그 무엇도 두려워하지 않았다. 어려움이나 위기가 닥쳐도 그는 단지 무서워하는 척할 뿐 진심으로 두려워하지는 않았다. 사람들은 그의 이러한 면모를 잘 모르는 것 같았다. 조르바는 그저 사람 좋은 축으로만 평가되었다. 그러나 모모는 그를 보자마자 단번에 그 사실을 간파할 수 있었다. 모모는 그의 이런 점 또한 마음에 들었다.

'세상의 그 무엇도 이 사람을 두려워 떨게 할 순 없을걸.'

조르바는 모모가 철학에 관심이 많은 것을 알고 그에게 이렇게 말하곤 했다.

"모모야, 철학자들은 머리가 명석한 사람만이 진리를 깨달을 수 있을 것처럼 말하는데 나는 이 점이 불만이다."

철학자의 마을에서 철학자와 관련된 불만을 말하는 것은 조심스런 일이었으나 그는 상관없다고 생각하는 것 같았다.

"똑똑한 일부 철학자들만 진리를 소유하는 거라면 다른 중요한 일을 하는 사람들한테는 너무 불공평한 것 아니겠니? 의사나 농부, 언론인, 운동선수, 청소부같이 자기 맡은 일을 묵묵히 하는 사람은 평생 진리를 모르고 살 수밖에 없다는 것 아니냔 말이야."

모모는 조르바의 항변이 꽤 그럴듯하다고 생각했다.

"그러니까 내 생각엔 진리란 그것을 찾는 일을 전문으로 하는 사람의 전유물이 되어선 안 된다고 본단다. 다시 말하자면 진정한 진리는 우리가 알지 못하는 사이에도 이미 우리에게 들어와 있는 그 무엇이라야만 된다는 거야. 심지어 나같이 아무것도 아닌 놈한테도 말이야."

그의 말은 어찌 보면 깜짝 놀랄 만한 말이기도 했지만 완전히 부정할 수 있는 얘기만은 아닌 것 같았다. 사실 진리라는 것이 사람들 앞에서 그럴듯하게 표현할 수 있어야만 되는 것은 아닌 것 같기도 했다.

"진리가 그것에 대해 이러쿵저러쿵 떠드는 사람들만이 소유하는 거라면 그것은 그들이 만들어낸 진리일 뿐 진짜 진리는 아닐 게다."

조르바는 진리와 관련된 담론을 마치 술자리 잡담처럼 가볍게 내뱉곤 했으나 그 내용은 쉽게 무시할 수 없는 것들이었다.

3

한편 마을 신문 기자인 마르크스는 조심스럽게 조르바의 행적을 취재하며 의심의 눈길을 주고 있었다. 탄광 사업이 본격화되어도 해결되어야 할 문제는 산적했다. 마르크스는 그중에서도 특히 노동력을 어디서 조달할 수 있을지, 그리고 그들을 어떻게 대우할지 등에 대해 관심을 기울이고 있었다. 그것은 마르크스의 오랜, 그리고 주된 관심사였다. 그는 각각의 노동자를 일개 노동자가 아니라 주체적으로 삶을 영위하는 인간으로 보려 했다. 그의 직함은 마을 신문 기자 겸 편집인으로 매우 그럴 듯했으나 실제 그의 삶은 곤궁하기 이를 데 없었다. 사람들은 그가 너무 순진해서 돈을 모으지 못하는 거라 수군거렸다. 그러나 그는 자신의 일에 자부심이 높았으며 누군가는 반드시 해야 할 일이라 생각했다.

마르크스가 살펴본 바로는 조르바가 진행하는 사업의 계획이나 진행 과정은 지나치다 싶을 정도로 허술하고 엉망이었다. 대학에서 철학과 법학만을 전공한 자신이 해도 이보다는 나을 것 같았다.

조르바의 사업을 예의 주시하는 또 한 사람은 마을의 환경 운동가인 하버마스였다. 하버마스는 그의 사업이 인근의 환경에 어떤 영향을 미칠지 예의 주시하고 있었다. 하버마스 또한 이 사업에 대해 마르크스와 비슷한 느낌을 가지고 있었다. 환경 문제에 대해 감시하기보다 사업이 제대로 진행될지 걱정이 앞설 지경이었다.

그러나 이 같은 눈길에 대해 조르바는 그다지 괘념치 않는 눈치였다. 그는 쉽게 말하고 쉽게 잊어버리는 스타일이었고 궁하면 반드시 통하는 길이 있다고 믿고 있는 것 같았다.

마침내 집으로 돌아온 모모가 현관문을 열고 들어서자 안쪽 부엌에서 저녁 짓는 엄마의 모습이 보였다.

"다녀왔습니다."

"오늘은 사고 친 것 없지?"

질풍노도의 시기를 지나는 사춘기 아들에 대한 엄마의 걱정이 목소리에 배어 있었다.

"엄만 내가 매번 사고만 치는 줄 알아요?"

2장

철학자 마을의
일상

미네르바시의
신임 시장 후보들

이 무렵 미네르바시는 시장 선거를 눈앞에 두고 있었다. 길가 곳곳의 나무 목책에 붙은 선거 벽보는 바람이 불 때마다 휘날리고 있었다. 선거에 대한 사람들의 관심도 사뭇 높아지고 있었다. 사실 처음 선거 공고를 할 때 사람들은 아무도 입후보하지 않을 줄 알았다. 왜냐하면 이곳 시민들은 대부분 그런 일에 관심이 없기 때문이다.

그러나 뜻밖에도 철학자 세 명이 입후보 의지를 밝혀 사람들을 놀라게 했다. 마을 중심의 시가지에서 웅변 학원을 운영하는 헤겔, 마을 신문 기자이자 편집자인 마르크스, 그리고 마을의 환경 지킴이로서 역할을 해온 하버마스가 그들이었다.

헤겔의 주된 공약은 주민들이 마을의 법과 규칙을 준수하고 주민과 행정 기관 상호 간에 신뢰가 굳건히 지켜지도록 함으로써 이성적인 질서에 충실한 마을을 실현하겠다는 것이었다. 마르크스는 마을 기금을 조성하여 빈곤한 사람들을 지원하고 모든 주민이 동등하게 인간적인 삶을 영위할 수 있도록 하겠다고 주장했다. 하버마스는 마을의 무분별한 난개발을 막고 자연 환경이 잘 보존되어 쾌적한 생활을 할 수 있도록 하겠다고 주장했다.

철학자 마을의 선거 운동이나 유세는 후보가 사람들을 한 곳에 모아놓고 몇 차례씩 연설을 하는 다른 마을의 그것과는 달랐다. 물론 공식적으로 선거 유세를 하지만 그것은 한두 차례에 불과했다. 그들은 주로 사람들의 모임 자리에 찾아가 자신의 생각과 계획을 차분하고 논리적으로 설명을 했고 사람들은 언제든 궁금한 내용에 대해 질문을 할 수 있었다.

음모꾼들

인구 규모가 작은 미네르바시에 이채로운 점이 있다면 그것은 호텔의 존재였다. 방문객들은 이렇게 작은 마을에 호텔이 있다는 사실에 놀라곤 했다. 그러나 이곳은 철학자의 마을이었다. 마을을 방문하면 명성 높은 철학자들을 두루 볼 수 있다는 장점이 있었다. 때문에 마을에는 연중 적지 않은 수의 관광객이 몰려들었으며, 한편으로 철학 강연을 비롯해 각종 연회가 빈번하다 보니 작으나마 호텔이 필요하게 된 것이었다.

호텔은 마을에서 가장 높은 건물이었고 최상층인 5층에서는 시가지와 레테강이 한눈에 내려다보였다. 지금 조세핀은 5층 자신의 방에서 짙은 색 계열의 정장을 차려입은 신사, 숙녀들과 비밀스런 회합을 갖고 있었다. 그들은 마을의 선거 일정과 선거 전략, 그리고 이후의 마을 개발 계획 등을 보다 구체적으로 실현하는 방안을 토의하고 있었다.

사실 미네르바시는 오랜 경기 침체를 겪고 있었으며 몇 년 전 마을 외곽의 대형 가구 공장이 폐업한 이후로 별다른 산업 기반 시설도 없었다. 이들은 조만간 인근 마을에 들어설 대규모 국가 기간 산업 단지를 지원하기 위한 베드타운으로서 미네르바시를 지목하고 있었다. 거리가 가까울 뿐 아니라 오랜 기간 마을이 청결한 상태로 유지되고 있어 손대기 쉬운 점이 남다른 장점이었다. 더욱이 철학자들은 세상 물정 모르는 순진한 인물이 대부분이어서 설득하기도 쉬울 것 같았다. 계획이 실현될 경우 대규모 인구 유입에 따른 주택 건립 및 이에 수반한 다종의 근린 생활 시설의 건립 등 준비할 것이 한두 가지가 아니었다.

지난번 강변 산책로 포장 사업 등은 이들의 간 보기용 사업이었다. 이들은 마을 주민들의 반응을 예민하게 관찰하고 있었던 것이다. 그런데 이 과정에서 문제가 발생했다. 애초에 칸트, 하이데거 등은 부정적 반응을 보일 것이라 짐작했으나, 그들뿐 아니라 의외로 많은 철학자들이 마을이 개발되어야 할 필요성에 대해 그다지 찬동하는 모습을 보이지 않았던 것이다. 뒤에서 슬쩍 여론전을 펼치기도 했으나 그들 중 대부분은 요지부동이었다.

이들은 전략을 변경하여 조세핀을 내세워 시장 선거에서 승리한 후 관련 법을 개정하여 '법대로' 계획을 진행하기로 했다. 그 편이 시간도 단축하고 진행 과정에서의 잡음도 적을 것 같았다. 자신들이 보유한 자금력이면 이런 작은 마을의 시장 선거에서 승리하는 것은 어렵지 않아 보였다. 그러나 이 시점에서 무엇보다 중요한 것은 사업이 착수될 때까지 기밀이 유지되는 것이었다. 지금까지의 상황으로 보아 여론이 악화되면 사업 진행을 장담할 수 없을 것 같았다.

회의에서 조세핀은 때로 얼굴을 붉히고 때로는 장광설을 늘어놓으며 대화를 주도하고 참여자들을 독려했다. 그녀는 말했다.

"계획대로 된다면 우리만 좋은 게 아니잖아요. 마을의 발전을 위해서도 좋은 일이라구요. 지금 이대로라면 이곳은 아무런 비전도 없는 시골 마을로 남게 될 뿐이죠."

회의를 마친 후 참석자 중 한 명이 창가에서 유유히 흐르는 레테 강을 내려다보며 말했다.

"레테라고 했던가? 저 강은 시내를 곡선으로 가로지르는 모습이 아름다워서 굳이 형태를 바꿀 필요는 없을 것 같은데?"

그 말을 들은 조세핀이 차갑게 대꾸했다.

"쓸데없는 감상은 버려요. 저따위 곡선이란 비효율적의 상징일 뿐이에요. 가급적이면 모든 것을 어떻게 하면 직선으로 바꿀까를 고민하는 편이 앞으로의 계획을 진행하는 데 도움이 될 거예요."

그들은 미래의 대박을 꿈꾸며 호텔 창문을 통해 하나둘 불이 꺼져가는 마을의 중심가를 내려다보고 있었다.

꿈과 상징

그날 밤 모모는 괴상한 꿈을 꾸었다. 꿈속에서 한 여자가 머리를 풀어 헤친 채 술주정을 하고 있었다. 단정한 모습이라곤 찾아볼 길 없는 여자였다. 그런데 자세히 들여다보니 그 여자는 다름 아닌 자신의 엄마가 아닌가! 현실의 엄마와는 전혀 다른 행동을 하는 여자가 꿈에서 엄마로 나타난 것이었다.

모모는 평소 꿈이란 무엇인지 알고 싶어 한 데다 이날 밤의 꿈이 몹시 마음에 걸려, 날이 밝자 곧바로 마을에 하나밖에 없는 프로이트 박사의 정신과 병원을 방문했다. 병원의 원장은 프로이트였고 상담을 담당한 의사는 칼 융이었다. 그리고 그들 밑에서 일하는 인턴으로 라캉 씨가 있었으나 주로 외부 세미나 등에 참석하느라 자리를 비우는 경우가 많았는데, 이날도 그의 모습은 보이지 않았다. 프로이트와 융은 모모를 반갑게 맞아주었다. 상담 위주로 운영되는 병원이었으므로 내부 시설은 단출했다.

모모의 꿈 이야기를 다 듣고 난 후 융이 말했다.

"꿈에 나타난 단정치 못한 여성은 너의 내부에 도사리고 있는 열등감이란다. 너는 남성이지만 네 안에는 남성성과 여성성이 모두 존재하고 있어. 네 안의 여성성을 아니마anima라 부르는데 그것이 술에 취한 여성으로 나타났다는 것은 최근 네 마음 속에 어떤 열등감이 두드러지고 있다는 뜻이지. 즉 꿈에 엄마가 단정치 못한 여성으로 나타났다는 것은 네가 열등감을 느끼는 정도가 심해졌다는 것을 의미해. 그 열등감이 무엇인지 알 수는 없으나 그것으로 인해 네 내면의 심리적 균형이 무너진 상태이기 때문에 그러한 꿈을 꾸게 된 거야."

"열등감으로 인한 불균형이요?"

"그렇지. 물론 너에게서 열등한 측면만이 두드러진다는 것은 아니야. 오히려 최근 너의 어떤 뛰어난 부분이, 가령 지적 측면이, 그것은 일종의 남성적 상징인데, 급격히 증대했다든가 하는 까닭으로 전체적인 불균형이 심화된 걸 수도 있지. 이러한 꿈은 네게 어떻게 하라는 교훈이나 지시는 아니야. 다만 한창 성장하고 있는 너의 상태를 드러내 보여주는 것일 뿐이지."

"그럼 저는…"

"아마 시간이 좀 흐르면 새로운 심신의 균형이 이루어질 테고 네 속의 여성성도 자연스럽게 평온한 상태로 돌아가게 될 거야."

모모는 매우 다행한 일이라 생각했다.

융의 상담이 진행되는 동안 프로이트 박사는 저편에서 말없이 서류 정리 작업을 하고 있었으나 상담 내용을 들은 탓인지 표정에 감정의 기복이 드러나고 있었다. 프로이트는 평소 자신의 감정을 숨김없이 드러내는 솔직한 인물이었다.

상담이 끝나자 그는 상담실을 나서려는 모모를 불렀다.

"너의 그 꿈에 대해 좀 더 해줄 말이 있단다."

그 순간 난처하게 된 것은 모모뿐만이 아니었다. 융 박사도 불쾌한 감정을 감추지 못하는 기색이 역력했다. 그렇지만 프로이트는 자신의 앞에 착석한 모모에게 그의 꿈에 대해 거침없이 말하기 시작했다.

"꿈이란 자기가 스스로에게 전달하는 일종의 메시지이지. 동시에 그것은 향후 자신이 어떤 방향으로 나아갈지를 보여주는 암시이기도 해. 무엇보다 모든 꿈은 **오이디푸스 콤플렉스**Oedipus complex*의 관점에서 보지 않으면 안 돼. 네 꿈에는 엄마라는 일종의 성스러운 상

---

* 아들은 동성인 아버지에게는 적대적이지만 이성인 어머니에게는 호의적이며 무의식적으로 성(性)적 애착을 갖게 된다는 프로이트의 이론이다.

징을 세속화해야 한다는 메시지가 담겨 있어. 즉 네 꿈은 엄마에 대한 강한 집착, 그리고 그것에서 비롯된 억압적 감정, 즉 스트레스가 이미지로 표현된 것이야. 그 꿈이 네게 전달하려는 메시지는 네가 이제 엄마의 품을 떠나 더 넓은 세상으로 나아가야 할 시기에 이르렀다는 거야. 지금까지 살아온 상상의 세계에서 벗어나 상징의 세계*에 진입해야 한다는 조급함이 너와 같은 소년 시기의 특징이고 그것으로 인한 스트레스가 그러한 꿈으로 나타난 것이지."

모모는 저편에서 듣고 있는 융 박사가 신경 쓰여서 되묻는다든가 하는 일은 생각지도 않은 채 조용히 듣고 있었다.

"그런 종류의 꿈은 10대 중반인 네게는 자연스런 현상이지. 보고 듣는 모든 상징들과 한창 씨름할 나이이니 말이야. 그러니 그다지 신경 쓸 것은 없단다."

결론은 같았으나 꿈의 배경 등에 대한 설명은 전혀 달라 병원 문을 나서는 모모는 이전보다 더욱 혼란스러운 기분이 되었다. 거장들로부터 꿈 상담을 받는 것도 쉬운 일이 아니라는 생각이 들었다.

'어느 쪽이 맞는지 알 수 없군. 하지만 어차피 답은 그분들한테 있는 게 아니라 오히려 내 안에서 스스로 찾아야 하는 게 아닐까.'

---

* 라캉은 인간의 성장 시기를 상상계, 상징계, 실재계로 구분하고 있다. 상상계란 신체의 원초적 욕망에 충실한 단계이고, 상징계는 언어와 문화를 자유롭게 구사하는 단계이며 실재계는 상징계에서 구사되는 거대 담론들이 어떤 종류의 망상에 근거를 두고 있음을 자각하는 단계이다.

모모는 가볍게 생각하기로 마음먹고 병원에서 멀어져 갔다.

프로이트와 융의 상담 내용 및 방식이 판이하게 다르다는 것은 이미 마을 사람 누구나 알고 있는 사실이었다. 그러나 그 두 사람은 모두 워낙 뛰어난 거장이라 누가 옳다든가 그르다든가 하는 말은 쉽게 하기 어려웠다. 그들은 정신분석학계의 초기 거장들로서 한때 아버지와 아들처럼 친한 관계였으나 견해 차이가 지속되자 후일 결별을 선택하고 말았다. 프로이트는 무의식의 발견을 통해 현대적 사유의 기초를 놓았으나 성욕을 모든 해석과 상담의 기반에 두었다. 융은 이러한 프로이트의 관점이 편협하다고 생각했다. 그는 프로이트의 이론에 기초를 두었으나 협소한 성욕의 프레임에서 벗어나 성욕이란 수많은 상징 중 하나에 불과하다고 생각했다. 그는 문자, 신화 등 다양한 문명적 기호들도 유력한 상징*으로 다루어야 한다고 생각했다.

---

* 정신분석학에서 말하는 상징이란 무언가를 지칭하는 암호 같은 것이다.

철학자 마을의
목회자들

일요일이 되자 사람들이 예배를 위해 마을 뒤편 언덕의 아담한 교회당으로 삼삼오오 모여들었다. 목사인 카를 바르트[*]는 교회당 문앞에서 미소 띤 얼굴로 교인들을 맞이하고 있었으며 전도사인 틸리히[**]와 몰트만[***]은 예배 준비를 하느라 분주했다. 사실 이 세 사람은 동일한 기독교의 교직자라 해도 생각하는 바가 크게 달랐다. 다만 이곳이 철학자의 마을이라 그들 외에 다른 대안을 찾기 어려웠다. 그들만이 철학자 교인들을 상대할 수 있었기 때문이다. 그렇지만 날이 갈수록 교인 수가 계속 줄고 있다는 점은 그들의 공통된 근심거리였다.

---

[*]   Karl Barth(1886~1968): 스위스의 신학자.
[**] Paul Johannes Tillich(1886~1965): 독일계 미국인 신학자.
[***] Jurgen Moltmann(1926~): 독일의 신학자.

이 세 사람은 번갈아 주일 설교를 담당하고 있었는데 오늘은 틸리히가 설교하는 순서였다. 그날 틸리히의 설교에서 중요한 메시지는 다음과 같은 것들이었다.

"신앙이란 누군가 외부에서 완성시킨 기성품ready-made goods을 얻는 식으로 갖게 되는 것이 아닙니다. 그것은 스스로 만들어가는 노력을 통해 본인이 완성시켜야 하는 것입니다."

"'신앙을 가졌다', '구원을 받았다'라는 말처럼 병적인 것은 없습니다. 이러한 태도를 조장해 온 것이 기존의 교리이고 도그마입니다."

"'하나님이 존재하신다'라고 말하는 것은 '하나님이 존재하시지 않는다'라는 말과 동일한 무신론입니다."

'철학자의 철학자'라 불리는 틸리히의 설교는 이해할 수 없는 어려운 내용으로 가득 차 있었다. 특히 마지막 어구를 이해한 교인은 거의 없었다. 예배는 여느 때처럼 평화롭게 진행되었으나 맨 뒷줄에 앉은 바르트와 몰트만의 표정은 밝지 않았다. 그들은 예배 시간 동안 줄곧 틸리히의 어렵고 지루한 설교로 인해 교인 수가 더욱 줄어드는 것이 아닐까 염려하고 있었다.

예배가 끝나고 교인들이 흩어진 후 세 사람은 다른 때와 마찬가지로 정리 회합을 가졌다. 이 자리에서 바르트 목사는 그간 전도사들에게 쌓여온 불만을 터뜨리고야 말았다.

"틸리히 전도사님, 제발 설교를 좀 쉽게 해주시고 지나치게 어려운 표현은 삼가주세요. 설교하실 때마다 성도님들 얼굴에 힘들어하는 표정이 역력해요."

그러자 틸리히도 지지 않고 대답했다.

"그렇지만 그게 가장 중요한 메시지인데 얘길 안 할 수는 없는 것 아닙니까? 그렇게 직설적으로 표현하지 않으면 사람들은 하나님을 세계 안에 존재하는 여타 인간이나 사물들과 유사한 **존재자**seiendes* 정도로 생각한다구요."

틸리히에 대한 불만 제기가 별 효력이 없다고 생각한 바르트 목사는 이번에는 몰트만 전도사에게 말했다.

"그리고 몰트만 전도사님은 신앙에 대해 너무 희망적인 면만 강조하시는 것 같아 조금 걱정됩니다. 모든 인간은 죄인이고 그렇기 때문에 신앙이 필요한 것 아닙니까?"

몰트만도 발끈하여 자신의 입장을 변호했다.

"그렇다고 언제까지 과거에 저질러진 죄악만 들먹이면서 지옥 간다느니 하는 얘기로 교인들을 위협하듯 몰아붙여야 합니까. 신앙이란 지나간 일에 대한 절망감이 아니라 다가올 희망에서 생겨나는 것

---

* 존재론에서 일상적 사물들을 통칭하는 용어.

아닌가요?**

"아니, 그걸 내가 지금 몰라서 하는 소리인가요? 좀 균형이 잡히면 좋겠다는 것이죠."

바르트의 말이 끝나자마자 몰트만이 역습을 시도했다.

"그러시는 목사님이야말로 늘 하나님의 절대성만을 강조하시니까 ** 사람들이 지루해한다구요. 그간 제가 말씀을 드리지 않아서 그렇지, 그렇게나 절대적이신 하나님이 하시는 말씀을 유한한 인간이 이해할 수나 있겠느냐고 되묻는 이들이 한둘이 아닙니다."

"아니, 그럼 하나님을 마치 수학이나 논리학처럼 명쾌하게 이해해야만 믿을 수 있다는 얘깁니까?"

"명쾌한 이해까지는 아니더라도 자신의 삶에 좀 더 구체적인 방식으로 응용될 수 있기를 바라는 것이죠."

"어떻게 신앙을 실용성으로만 판단합니까? 그러한 태도에서 조금만 더 나가면 자칫 신성 모독에 이를 수 있다구요."

바르트 목사가 신성 모독을 언급하자 몰트만 전도사가 펄쩍 뛰었다.

"아니, 하나님의 말씀을 생활 속에 적용하자는 말인데 무슨 신성

• 몰트만은 1964년 출간한 『희망의 신학Theologie der Hoffnung』을 통해 인간은 과거의 죄악보다는 미래의 희망에 의해 구원의 길로 들어서게 된다는 혁신적인 신앙론을 제시했다.
•• 바르트는 주저 『로마서 강해Der Römerbrief』(1919)를 통해 하나님의 초월성과 절대성을 주장했다.

모독까지 들먹입니까?"

옆에서 잠자코 듣고 있던 틸리히 전도사가 말리기 시작했다.

"제 생각엔 두 분 말씀에 모두 일리가 있습니다. 몰트만 전도사님 말씀대로 하나님의 말씀은 생활에 적용되어야 합니다. 그러나 오직 하나님께서 신성함divinity, 즉 초월성을 유지하시는 범위 내에서 적용되어야 할 것입니다. 신성함을 상실한 하나님, 즉 실용적 용도로만 파악되는 하나님은 짠맛을 잃은 소금이나 다름없다는 것이죠."

틸리히는 그들 주장의 중간 지점을 교묘히 파악함으로써 두 사람의 흥분을 진정시킬 수 있었다. 이전에도 이들 세 사람의 대화는 이런 식으로 진행되는 경우가 많았다. 틸리히 전도사는 몰트만 전도사보다 나이가 많기도 하지만 이처럼 노련한 중재자 역할을 잘 해내어 주변 사람들의 호감을 사고 있었다.

이 세 사람은 앞선 대화에서 보듯 화해하기 어려운 견해차를 보이고 있었으나, 20세기에 거센 기세로 교회와 신학계의 몰락을 재촉한 존재론의 공세를 막아내는 데 어느 정도 성과를 거두었다고 평가되고 있었다. 그러나 그 성과라는 것도 교회의 몰락을 어느 정도 지연시키는 수준에 그친다고 보는 견해가 일반적이었다.*

---

* 보수 교계 일각에서는 이들이야말로 교회의 몰락에 앞장선 인물들이라고 비판하곤 했다.

수행자 싯다르타

인도인 싯다르타는 마을 교회의 예배에 거의 빠짐없이 참석하고 있었다. 레테 강변에 아름다운 힌두 사원도 있었지만 그가 그곳의 의식에 참석하는 경우는 거의 없었다. 그가 인도의 왕족 출신이라는 소문도 있었다. 그렇지만 그의 행색은 왕족과는 거리가 멀어 보였다. 심지어 그가 교회에 오는 이유도 사람이 많이 모이는 장소라 구걸에 도움이 될까 하여 찾아오는 것이라고 생각하는 사람도 있었다. 그것이 사실인지는 분명치 않았으나 그가 극도로 가난한 것은 사실이었다. 그는 하루하루 걸식으로 연명하고 있었던 것이다.

싯다르타는 수행자였고 영민한 자였다. 어쩌면 마을에서 가장 영민한 자일지도 몰랐다. 그는 누구든 만나는 사람을 즐겁게 만들었고 교회의 교직자들과도 친근하게 지냈다. 비교적 엄격하고 보수적인 바르트 목사마저도 싯다르타에게는 마음을 열 정도였다. 싯다르타는 교회의 교직자들을 자신과 같은 수행자로 여겼다. 그들과 대화하다 분위기가 흥겨워지면 싯다르타는 농담처럼 이렇게 말하곤 했다.

"돈으로 받으나 음식으로 받으나 동냥 받아먹고 살긴 자네들이나 나나 마찬가지 아닌가? 자네들은 양복을 입은 채 받고, 나는 누더기를 입고 받는 것이 다를 뿐이지."

그는 기왕 얻어먹을 것이라면 게으르게 앉아서 걷어들이지 말고 자신의 걸식에 따라 나서는 것이 어떻겠냐고 비아냥대곤 했다. 그런데 그의 비아냥을 진지하게 들은 것인지 한때 몰트만은 그를 따라 탁발에 나선 적도 있었다. 타 교직자들과 일부 교인들은 교회의 전도사가 어떻게 구걸을 할 수 있느냐고 난리를 피웠지만 몰트만은 아랑곳하지 않았다. 본래 몰트만은 말보다 행동이 앞서는 것으로 유명한 인물이었다. 그래서 그의 주변에는 과격한 인사들이 많았다. 한때 그의 이웃 마을 친구들이 마을의 철거 정책에 맞서 철거민의 편에서 물리력마저 동원하며 저항하는 모습이 지역 일간지의 사회면에 게재되곤 했었다.

싯다르타의 영민함은 사람들과 대화를 나눌 때도 드러났다. 일부 사람들은 그가 구걸하고 다닌다는 이유로 그의 말을 무시하는 경우도 있었다. 그러나 그의 말은 대개 사람들의 논의를 앞질러 간 것으로 판명되는 경우가 많았다. 이를테면 토론의 후반부에 이르러 싯다르타는 조용히 이렇게 말하곤 했다.

"그것 봐, 아까 내가 그렇게 말했잖아."

이 말에 함께 토론하는 상대방은 열받는 경우도 있었지만 대개의 경우 그의 말은 사실이었다. 그래서 사람들 사이에서는 '부처님 손바닥'이라는 용어가 생겨날 정도였다.

마을 사람들은 영민하고 겸손한 싯다르타와의 대화를 즐거워했다. 어떤 사람들은 그가 걸식하러 찾아오는 것을 반가워할 정도였다. 그들은 남는 음식이나 잔돈을 건네주곤 했는데 싯다르타는 돈은 보관하기 귀찮다는 이유로 당일 먹어치울 수 있는 음식으로 받는 편을 좋아했다.

싯다르타가 영민한 이유는 그의 왕성한 호기심 때문인 듯했다. 그는 최신의 철학 이론에 관심이 많았고 마을 도서관에서 난해한 과학 저널을 읽는 모습이 자주 눈에 띄기도 했다. 그는 구걸로 끼니를 해결했으므로 남는 시간이 많았다. 그는 이 시간들을 이용해 철학 서적은 물론 최신 물리학 서적까지 닥치는 대로 읽곤 했다.

싯다르타,
양자역학을 말하다

1

어느 일요일 예배 후 교회에서 내려오는 길에 모모는 싯다르타와 나란히 걷게 되었다. 그는 좋은 기회라 생각하고 20세기 철학의 난제들에 대해 그의 검증을 받아보고자 했다. 모모가 첫 번째로 의문을 제기한 개념은 하이데거의 '세계-내-존재'였다. 이에 대해 잠시 생각하던 싯다르타가 대답했다.

"세계란 나의 욕망의 결과물로서 나타난다는 뜻이지.* 왜냐하면 그것들은 나의 개입을 통해 드러나게 되었기 때문이야."

"나의 개입이요? 세계란 그런 것과 무관하게, 그저 객관적으로 존

---

* 후일 싯다르타의 열렬한 독자였던 쇼펜하우어는 이 명제를 조금 비틀어 "세계는 나의 의지의 결과물이다"라고 말했다. 그는 욕망을 의지로 바꾸었던 것이다. 쇼펜하우어는 "칸트에게서 절반을 배우고, 인도에서 전부를 배웠다"고 말했을 정도로 불교와 힌두교의 사상을 높게 평가했다.

재하는 게 아닌가요?"

"모모야, 객관적으로 존재한다는 건 없어. 그런 건 그저 망상이고 허상일 뿐이지. 현대 물리학은 이미 이 점을 명확히 하고 있단다."

"현대 물리학이요?"

모모는 그의 논의가 지나치게 비약하는 것이 아닌지 의심스러웠다.

"현대 물리학의 한 분야인 양자역학에 따르면 관찰자의 개입, 즉 관찰 행위에 따라 전자의 움직임은 물론 개수조차 달라진다는 점이 '이중 슬릿 실험'*을 통해 입증되었단다. 전자electron는 세계를 구성하는 가장 기본적인 단위이니 이러한 실험 결과는 세계의 실체를 드러내주는 것으로 볼 수 있지.** 그것은 세계의 존재나 행태가 의심할 바 없이 관찰자인 나로 말미암는다는 것을 보여주었단다."

중학생인 모모에게 현대 물리학은 너무 벅찬 내용이었으나 대강은 알아들을 수 있을 것 같았다.

"즉 나와 세계는 어떤 상호 감응 체계로서 존재한다는 것인데 그 말인즉 내가 있기에 세계가 있고 세계가 있기에 내가 있다는 것으로 요약할 수 있지. 바로 그 점을 하이데거는 세계-내-존재라는 용어로

---

* 양자론 과학자들은 이중의 슬릿(slit, 좁은 틈)을 통과한 전자는 입자가 아니라 파동처럼 행동하나, 관찰하는 시선이 개입할 경우는 입자처럼 행위한다는 사실을 알아냈다.
** 1999년 오스트리아 빈 대학의 안톤 차일링거 교수의 연구팀은 전자보다 훨씬 큰 분자 크기의 실험에서도 '이중 슬릿 실험'과 동일한 결과를 도출해 냈다.

표현한 것이란다. 물론 불교에도 이것에 해당하는 용어가 있지. 불자들은 이것을 연기론緣起論이라 부르는데 내가 이미 오래 전에 설파했던 말이란다.”

모모는 마을 사람들로부터 들었던 소문을 떠올렸다.

'결국 하이데거 선생님마저도 부처님 손바닥 안에 올려져 있었다는 말이네….'

2

모모는 이왕 말을 꺼낸 김에 연기론에 대해서도 싯다르타에게 들어보고 싶었다.

“그렇다면 연기론에서 생각하는 진리는 무엇인가요?”

싯다르타는 잠시 생각을 정리한 후 부드러운 목소리로 답변을 시작했다.

“과거에 진리는 흔히 어떤 고정된 것으로 여겨졌으나 오늘날 진리는 움직이는 것, 살아 있는 것으로 여겨지고 있지. 한마디로 진리는 사물이 아니라 관계 속에 있다는 것이지. 연기론은 오래전부터 그러한 입장을 취해왔단다.”

모모는 이 대목도 '그것 봐, 내가 아까 그렇게 말했잖아.'라는 싯다르타 특유의 화법인 듯하여 조금 우스운 기분이 되었다. 그럼에도 그는 싯다르타의 말을 놓칠세라 정신을 집중하고 있었다.

"비유로 표현하자면, 진리를 아는 일이란 살아 있는 참새를 손에 쥔 상태라 할 수 있겠지."

싯다르타는 비유나 사례를 들어 설명하는 것을 매우 즐겼다. 그것은 다양한 해석의 여지를 남기는 것이었으나 듣는 사람들이 자신의 수준에 맞게 이해할 수 있었으므로 편리한 방법이기도 했다.

"참새가 진리라면 사람들은 그것을 손에 쥐려 하겠지. 과거의 철학자들에게 진리, 즉 참새란 일개 사물로 여겨졌기 때문에 그것의 생사는 그다지 중요한 문제가 아니었단다. 그렇기 때문에 참새를 세게 쥘수록 진리를 더욱 확실히 소유하게 된다고 생각했지. 그 결과 그들 대부분은 이미 죽어서 딱딱해진 참새를 손에 움켜쥔 채 진리를 소유하고 있다고 생각한 것이지."

모모는 죽은 참새를 손에 쥐고 만족해하는 그들의 모습을 상상하곤 살짝 언짢은 기분이 되었다.

"그러나 연기론이 생각하는 진리는 그저 참새가 아니라 살아 있는 참새를 손에 쥐는 일과 같은 거란다. 이 상태에서 중요한 것은 어떤 관계이지. 즉 참새의 움직임과 내 손의 악력은 매 순간 끊임없이 조율되는 사건, 즉 지속적으로 반복되어야 하는 사건이 되지. 나는 매 순간 참새의 움직임에 민감하게 반응해야 해. 너무 세게 쥐면 참새가 죽고 느슨하게 쥐면 날아가 버릴 테니까."

참새의 비유를 길게 설명한 싯다르타는 잠시 한숨을 돌렸다. 그리고 결론을 맺듯 다음과 같이 말했다.

"살아 있는 진리란 바로 그런 것이란다. 정지되거나 완결된 상태가 아니라 어떤 미세한 차이의 운동이 끊임없이 지속되는 상태라 말할 수 있지. 이 상태를 니체 군은 영원회귀, 들뢰즈 군은 반복이라 부르는 것 같더구나."

싯다르타의 비유는 지금까지 모모가 들었던 어떤 진리론보다도 생생한 것이었다. 그러나 동시에 지금까지 들어온 진리론과 너무나 달라 그 차이를 알고 싶었다.

3

"칸트 선생님께서는 진리란 주관적 인식과 객관적 대상이 일치하는 상태라고 말씀하셨는걸요."

싯다르타는 모모의 말이 철학도다운 정직한 반응이라 생각하며 빙긋 미소 지었다.

"칸트 선생님의 인식론에 따르면 인식 주관과 인식 대상은 일대일로 대응하고 있지.* 그러나 인식 대상은 어떤 맥락에서, 그리고 어떤

● 이것이 재현적 인식의 전형적인 모습이다.

태도로 접근하느냐에 따라 수없이 다양한 모습으로 드러날 수 있는 거란다. 들뢰즈 군의 표현에 따르자면 인식 대상은 어떤 미세한 차이가 들끓는 **잠재성**virtualité* 속에 잠겨 있다는 것이지. 그러므로 그것은 인식의 문제가 아니라 사실은 해석의 문제이거나 해석상의 선택의 문제가 되는 거란다."

이제 대화는 자연스럽게 인식론에서 해석학Hermeneutics**으로 넘어가고 있었다. 모모는 예전에 해석학 입문서를 읽어두어서 다행이라고 생각했다.

"현대의 해석학은 '모든 인식은 해석일 뿐이다'라는 관점에 기반을 두고 있지. 그리고 이 지점에서 칸트 선생님이 언급하신 물자체의 문제, 즉 주객 이분법의 문제가 해소된단다. 왜냐하면 물자체가 무엇이건 상관없이 그것은 다양한 해석 가능성의 한 갈래일 뿐이니까. 우리는 단지 해석할 뿐이며 수없이 많은 해석 중의 하나를 선택할 뿐이니까. 그리고 이러한 생각으로부터 현대 철학이 시작되는 거란다."

싯다르타는 물자체라는 개념이 갖는 난점의 해소와 현대 철학의

---

* 잠재성은 들뢰즈 특유의 용어로 이념과 같은 뜻으로 쓰인다. 그것은 의식으로 드러나기 이전 무의식의 상태를 뜻한다.
** 해석에 대한 이론과 방법을 다루는 학문이다. 독일의 철학자로 해석학의 대가인 H. G. 가다머(Gadamer)는 "해석이란 우리의 활동, 사건, 상황에 의미를 부여하는 일이다.", "진리는 발견의 문제가 아니라 해석의 문제일 뿐이다."라고 말했다.

출발이 마치 어떤 깊은 관계를 갖는 것처럼 말하고 있었다. 그것은 다윈의 진화론과 프로이트의 정신분석학 이론 못지않은 현대 철학의 문턱일지도 몰랐다.

말을 끝낸 싯다르타는 모모 쪽을 보며 당부하듯 슬쩍 한마디를 더 건넸다.

"그렇지만 이 얘기를 칸트 선생님께는 하지 말거라. 섭섭해하실지도 모르니까. 하하!"

모모는 곁눈질로 슬쩍 싯다르타를 올려다보았다.

'대체 이 사람의 지식과 지혜는 어디까지일까? 나는 어디까지 이 사람을 쫓아갈 수 있을까?'

모모는 다소 절망스러운 기분이 되었다. 그렇지만 그는 자신이 철학자의 마을에 살게 되어서 다행이라 생각했다. 그들은 개성이 강하고 남의 말에 아랑곳하지 않는 사람들이었으나, 그들의 말을 듣고 있노라면 그 순간만큼은 마치 자신이 우주의 한쪽 끝에서 다른 쪽 끝까지 여행하는 기분이 들곤 했다.

철학자들의 뒷담화

1

일요일 오후, 모모는 혼자 다윈의 박물관을 둘러보고 있었다. 박물관은 규모가 크지 않았지만 마을 중심에 있는 호텔과 마찬가지로 이 작은 도시에서는 매우 이채로운 존재였다. 관람객은 많지 않았지만 다윈 씨는 전혀 개의치 않았다. 사실 이 박물관은 다윈이 자신의 연구를 위해 평생 모은 희귀한 동식물, 광석 등을 보관하기 위한 용도로 설립한 것이나 다름없었다. 금수저 집안 출신*인 다윈은 젊은 시절부터 세계 여행을 다니며 다양한 희귀 물품들을 수집해 왔다. 나중에는 그것들을 따로 보관할 곳이 없어 사재를 들여 작으나마 박물

---

* 다윈의 친가는 의사 집안, 외가는 사업가 집안으로 양쪽 다 부유했다. 그는 물려받은 재산만으로도 평생 돈 걱정 없이 살 수 있었다.

관을 설립하게 된 것이었다.

다윈은 신비로운 인물이었다. 거의 모든 시간을 집에서 칩거했으며 다른 사람들과는 대부분 편지로만 교류했다. 그는 완벽주의자여서 저서 『종의 기원』을 출간하기 전까지 거의 20년에 걸쳐 내용을 다듬었다고 했다. 그의 저서가 출간되자 기독교인들로부터 거센 항의와 비난을 받았으나 그는 과학적 사실과 신앙은 아무런 관련이 없다는 자신의 생각을 굽히지 않았다.

들리는 소문에는 학자로서 자존심이 높은 마르크스조차도 다윈에 대해서만큼은 존경심을 표시한다고 했다. 실제로 마르크스는 자신의 대표 저작 『자본론Das Kapital』* 앞부분에 책을 다윈에게 증정한다는 헌사를 적어 보내기도 했다. 이 사실을 둘러싸고 일부 마을 사람들은 '자연과학에 대한 인문학의 열등감', '엄격한 방법론을 갖지 못한 인문학의 비애' 등으로 해석하며 나름대로 입방아를 찧어대곤 했다.

모모가 박물관을 한 바퀴 둘러보고 로비에 있는 카페에 왔을 때

---

* 1867년에 1권이 출간되었다. 2, 3권은 그의 사후에 출간되었다.

다윈과 하이데거, 그리고 미네르바 연극단의 연출가인 카뮈가 한 테이블에 앉아 있는 것이 눈에 띄었다. 그들은 그날 저녁에 있을 라마르크의 장례식에 참석하기 위해 모두 검은색 정장을 입고 있었다. 그 광경을 본 모모의 머릿속에 한 가지 생각이 스쳐갔다.

'다윈 씨와 하이데거 씨라… 모두 과묵한 분들이어서 카뮈 씨가 힘든 시간을 보내고 있겠는걸.'

2

"모모야. 어서 오너라!" 카뮈가 반갑게 맞아주었다.

모모는 자동판매기에서 청량음료를 하나 뽑아서 그들의 자리에 동석했다.

그들은 마을의 일상에 대해 가벼운 담소를 나누는 중이었다. 다윈은 마르크스가 『자본론』을 자신에게 헌정한 일에 대해 전혀 생각지 못한 일이라 조금 당혹스럽다고 말했다.

"읽어보니 대단한 책인 건 사실이더군요. 그렇지만 그 양반과는 분야도 다르고 생각하는 방향도 그다지 비슷하다고 생각한 적이 없는데 너무 뜬금없어서… 마을 사람들이 나의 사상에 대해 오해라도 하면 어쩌나 싶기도 하고…."

그러자 카뮈가 옆에서 미소 띤 얼굴로 단순히 헌사를 쓴 것뿐이니 크게 오해받을 일은 없을 것이라고 그를 안심시켜 주었다. 그러자 이번에는 하이데거가 불만스런 표정으로 틸리히에 대해 말했다.

"이번에 틸리히 전도사가 발간한 『조직신학Systematic Theology』* 은 나의 저작**과 비슷한 부분이 너무 많은 것 같더군요. 내용 중 어떤 부분에서는 그가 '신'이라고 쓴 부분을 '존재'로 단어만 바꿔 끼우면 내가 쓴 글과 거의 아무런 차이도 없어 보이더군요."

사람 좋은 카뮈는 이번에도 하이데거의 저작이 워낙 세계적으로 알려지고 이미 철학계의 고전이 되었으니 이러한 일도 생긴 것 아니겠냐며 그의 기분을 달래주려 했다.

"게다가 사르트르 씨는,"

하이데거는 여전히 못마땅한 표정으로 이번에는 사르트르에 대해 입을 떼었다.

"여전히 이곳저곳 다니며 나를 '실존주의***자'라 부른다고 하네요."

그는 말하는 동안 살짝 눈살을 찌푸렸다. 하이데거는 자신이 존재론자로 여겨지기를 바랐으며 실존주의자로 소개될 때마다 일일이 수정하는 수고를 마다하지 않고 있었다.

---

* 틸리히가 1951년부터 1963년까지 전 3권을 출간한 저서이다.

** 『존재와 시간』을 가리킨다.

*** 실존주의는 인간 저마다의 주체성을 강조하는 철학으로, 19세기의 키르케고르와 니체, 20세기 프랑스의 마르셀과 사르트르 등이 대표적인 실존주의자이다.

"게다가 지난번 마을 강연회에서는 당치도 않게 '실존주의는 휴머니즘이다'라고 선언했다지 뭡니까?"

카뮈가 의아한 듯 물었다.

"그 선언이 뭐가 잘못됐나요?"

하이데거가 무미건조한 목소리로 답했다.

"옳고 그름을 떠나 나는 존재론이 어떤 가치에 경도된 것인 양, 그것이 비록 선한 용도라 해도, 어떤 의도나 목적하에서 활용되는 행태에 찬성할 수 없어요. 여러분도 아시다시피 존재Sein와 가치Wert는 아무런 관련도 없는 것이니까요. 게다가 '휴머니즘'이라는 용어는 인간만의 특권 의식에 젖은 표현인 것 같아서 들을 때마다 꺼림칙한 기분이 들거든요."**

모모는 하이데거 씨가 사석에서 이처럼 말을 많이 하는 것을 처음 보았다. 그는 대체로 조용히 대화를 경청하는 편이었다. 그는 하이데거 씨에게 궁금한 점이 많았지만 대화 분위기가 무거워진 듯하여 다음으로 미뤄야겠다고 생각했다. 그들은 저녁 장례식 시간이 될 때까지 라마르크를 회상하며 그의 삶의 행적들에 대해 가벼운 대화를 이어갔다. 그것은 무엇보다 다윈 씨를 의식한 것이기도 했다.

---

* 사르트르가 1946년에 출판한 책의 제목이다. 원제는 *L'existentialisme est un humanism*.
** 하이데거는 1947년 사르트르의 실존주의 선언에 반박하고 자신의 존재론을 설명하기 위해 『휴머니즘에 대한 짧은 글 *Brief über den Humanismus*』이라는 책을 출간했다.

젊은 시절 라마르크는 생물학계의 총아였다. 그가 제창한 용불용설用不用說*은 모든 생물의 변화와 발전을 적절히 설명하는 듯 보였고 사람들의 상식과 이성적 사고에도 잘 부합했다. 적어도 다윈이 『종의 기원』을 출간하기 전까지는 그랬다. 물론 다윈은 그를 공격하기 위해 책을 출간한 것은 아니었다. 그러나 다윈의 책은 출간되자마자 순식간에 베스트셀러로 등극했고 그 효과는 기존 생물학계의 거의 모든 이론에 폭탄을 던진 것과 다를 바 없었다. 생물학뿐 아니라 대부분의 학문 영역에서 그 충격의 여진은 오래 지속되었고 심지어 지금도 진행 중이다.

---

* 신체 중 사용 빈도가 높은 기관은 발달하게 되고 그렇지 않은 기관은 퇴화하여 사라지게 된다는 학설. 1809년 라마르크가 주장했다.

라마르크의 장례식과
하이데거의 죽음론

1

라마르크 씨의 장례식은 엄숙하게 진행되었다. 생물학계의 예우에 따라 가장 앞줄에 앉은 다윈 씨는 장례식이 진행되는 동안 가장 슬프게 우는 하객이었다. 사람들은 다윈의 이러한 모습에 적잖이 충격을 받았다. 라마르크의 '용불용설'은 다윈의 '자연선택' 이론에 대해 근래까지도 가장 끈질기게 도전해 온 이론이었기 때문이다. 용불용설의 기반이 된 '획득 형질의 유전 가능성 가설'*은 학계의 일관된 거부에도 불구하고 몇 차례나 끈질기게 다시 살아나는 모습마저 보였다.**

---

* 후천적인 노력이나 습관에 의해 획득된 특질인 획득 형질도 유전될 수 있다는 가설.
** 2014년 케임브리지 대학교 앤 C. 퍼거슨-스미스(Anne C. Ferguson-Smith) 교수는 제한된 상황에서 부분적으로나마 '획득 형질의 유전' 현상을 발견하여 용불용설을 뒷받침하는 연구를 발표했다.

이제 라마르크는 학자들 사이에서 거의 잊힌 인물이었으나 다윈은 그렇게 생각하지 않는 듯했다. 다윈은 자신의 진화론이 지닌 미비점을 언젠가 라마르크가 보완해 줄 수 있을 것이라고 보았다. 사실 다윈의 자연선택설은 『종의 기원』이라는 책의 제목처럼 종의 탄생과 소멸을 설명할 뿐 개체의 역할에 대해서는 거의 설명하지 못했다. 개체는 종과 관련한 자연선택의 결과를 수용하는 수동적인 존재일 뿐이었다. 그러나 라마르크는 종의 진화에서 개체가 차지하는 역할에 대해 일말의 가능성을 남긴 생물학자라는 점에서 언젠가 다윈의 이론을 보완하게 될지도 몰랐다.

2

음울한 장례식이 끝나고 하객들은 집으로 돌아가고 있었다. 기진맥진한 다윈은 사람들의 부축을 받으며 집으로 돌아갔다. 모모와 하이데거, 카뮈는 어두운 골목길을 따라 말없이 걷고 있었다. 카뮈는 활달한 성격이었으나 지금은 방금 치른 장례에 대해 생각하고 있었다. 그 순간 카뮈는 문득 이런 생각이 들었다.

'지금 함께 걷고 있는 하이데거는 존재론자이기도 하지만 '죽음의 철학자'라는 별칭이 있을 정도로 죽음에 대해 깊게 사유한 인물이 아닌가.'

그는 장례식이 끝난 지금이야말로 다시 오기 어려운 좋은 기회라 생각하고 이렇게 물었다.

"하이데거 씨, 인간에게 죽음이란 무엇일까요?"

카뮈는 대철학자인 사르트르의 질투을 받을 정도로 다양한 분야에 일가견이 있는 작가이자 사상가이기도 했지만 하이데거 앞에서 그의 질문은 매우 소박했다. 모모는 뜻밖의 장소에서 죽음에 관한 하이데거의 생각을 들을 수 있는 기회가 온 것에 대해 이미 주체할 수 없을 정도로 가슴이 뛰고 있었으나, 겉으로 내색하지는 않았다.

하이데거는 낮은 목소리로 천천히 말을 시작했다.

"우리가 흔히 생각하는 죽음은 대개 재현된 이미지일 뿐이네. 그 이유는 우리가 삶을 통일된 하나의 이미지로 생각하기 때문이지."

이 두 문장을 들은 모모는 역시 하이데거의 말은 쉽지 않다고 생각하며 약간 좌절감을 느꼈다. 하이데거의 말은 계속되었다.

"죽음을 설명하기 위해서는 먼저 삶을 설명해야 하네. 우리는 흔히 삶을 하나의 통일된 덩어리로 생각하지. 한 사람당 삶은 하나라고 보는 거야. 그렇지만 그것은 사실이 아니네. 삶은 하나의 통일체가 아니라 개별적인 사건event들의 모음집 같은 것이네. 삶이 하나의 통일체라는 것은 개별적 사건을 겪으며 생겨난 어떤 환상 같은 것이지."

모모는 전에 니체 씨로부터 이것과 유사한 설명을 들은 기억이 떠올랐다. '그때 니체 씨도 삶이란 유한한 사건들의 총체라고 말했었지.' 모모는 이 부분을 어렴풋이나마 이해할 수는 있었지만 좀처럼 동의가 되지 않았다.

'그분들은 삶을 제각각 흩어진 파편 같은 것으로 여기고 있는 거잖아? 상식적으로는 도무지 동의하기 어렵군.'

모모의 이러한 생각에 아랑곳없이 하이데거는 말을 이어갔다.

"삶이란 흔히 생각하는 것처럼 그렇게 연속적으로 이어진 것이 아니네. 가령 우리가 살아가고 있는 시공간만 해도 그렇다네. 최근 루프 양자 중력 이론*이 밝혀낸 바에 따르면 10의 35승 분의 1의 크기를 갖는 마이크로 세계**에 이르면 시공간이란 연결된 흐름이 아니라 텅 빈 간격을 갖는 점들의 연속이라네. 결국 우리가 느끼는 연속적 시공간이란 낱개의 그림들을 빠르게 회전시켜 연속적인 동영상을 만들어내는 것과 다를 바 없는 허상이라는 것이지."

모모는 하이데거가 최신 물리학을 섭렵하고 있다는 사실에 적이

---

* 중력을 양자적 속성으로서 설명하려는 최신 물리학 이론이다. 고전적인 시공간을 플랑크 규모(Planck scale, 10^{-35}m 의 매우 작은 크기)에서의 불연속적인 시공간에서 형성되는 1차원 루프(고리)로 간주하고 이를 기하학적 모형을 통해 표현하고자 했다. 아직 완성되지 못했으므로 이론이라기보다 가설에 가깝다.
** 루프 양자 중력 이론에서 주장하는 플랑크 규모의 세계.

놀라움을 금할 수 없었다. 하이데거는 카뮈와 모모 쪽을 바라보며 계속 말했다.

"삶을 구성하는 사건에 대해 계속 말해보겠네. 우선 사건의 특징은 유한성이지. 삶에서 일어나는 크고 작은 사건은 모두 유한한 것이니까. 그런데 유한하다는 것은 그것이 반드시 끝 또는 종말을 갖는다는 뜻이 되지. 말하자면 그것은 어떤 죽음의 정조를 띤다고 할 수 있네. 죽음이야말로 진정한 끝이고 종말이니까. 따라서 우리가 겪는 매번의 사건에는 매번의 죽음이 있다고 말할 수 있지. 그리고 바로 이것이야말로 죽음의 본모습일세."

모모는 망치로 뒷머리를 맞는 듯한 충격을 느꼈다. 지금 하이데거는 삶에서 일어나는 사건만큼 많은 죽음이 있다고 말하는 것이 아닌가.

"한마디로 우리는 매번의 사건에서 종말, 곧 죽음에 직면하지. 그러므로 사건에는 크다 작다, 또는 중요하다 중요하지 않다 따위의 서열은 없네. 왜냐하면 죽음은 일거에 모든 것을 끝내는 절대적인 비교 불가능성이거든. 그렇기 때문에 가령 나의 삶 속에서 내가 부자가 되거나 높은 지위에 올라가는 사건이 비루하고 가난해지는 사건보다 중요한 것은 아니네. 물론 세상 사람들은 부자가 된 사건을 빈털터리가 된 사건보다 더 중요하다고 얘기하겠지. 그러나 그것은 매번의 사건에 담긴 죽음의 독립성과 고유성을 생각지 않는 재현적 관점*일 뿐이지. 나의 시간에 더 중요하거나 덜 중요한 사건 따위는 없네. 모든 사건은 죽음에 의해 담보된, 절대적으로 독립된 것이니까."**

모모는 카뮈 씨를 슬쩍 보았다. 그 또한 하이데거의 말을 이해하느라 진땀을 빼는 것 같았다. 카뮈는 이를 악물고 다시 질문을 던졌다.

3

"죽음을 그러한 방식으로 파악한다는 것은 어떤 의미일까요?"

"의미 따위는 없네. 그것은 그냥 사실일 뿐이니까. 그렇지만 매번의 사건은 매번의 죽음과 함께한다는 사실은 삶에 어떤 차이 또는 깊이를 가져온다고 볼 수 있겠지. 들뢰즈 군의 표현대로라면 더 빈번히 **특이점**singularité***에 이르게 된다고나 할까, 아니면 더 활발히 운동하도록 한다고 할까."

하이데거 씨의 말은 삶 속에서 죽음이 더욱 빈번히 드러날수록 삶

---

* 이 대목에서의 재현이란 남들의 생각을 비판 없이 그대로 수용하는 것을 의미한다.
** 경영학의 대가 마치(James March)는 이 같은 독립된 사건 모음으로서의 삶을 '쓰레기통 이론(garbage-can theory)'으로 설명했다. 마치는 우리가 흔히 생각하는 삶이란 쓰레기통 속에 버려진 쓰레기들을 상호 관련지어 마치 어떤 의미를 갖는 것인 양 의미화(sense-making)한 것에 불과하다고 본다. 즉 쓰레기통 속에 버려진 쓰레기들은 사전에 계획되거나 의도된 결과가 아님에도 마치 이것들이 어떤 연관된 의미를 가진 것인 양 억지로 의미화하고 있다는 것이다.
*** 저마다 독립된 사건들이 맞닿아 있는 경계 지점을 뜻한다.

은 고착된 이데올로기로부터 벗어나 더욱 활발히 변화하고 운동하게 된다는 말 같았다.* 이 대목에서 모모는 니체를 떠올렸다. 니체는 이데올로기, 즉 일상적 현실로부터의 벗어남의 계기로서 유희, 농담, 예술 등을 말했었다. 그러나 지금 하이데거는 죽음을 말하고 있는 것이다. 이 모든 것들의 과제는 일상화된 현실을 가볍게 만드는 것이어야 했다. 그러나 모모로서는 니체와 하이데거 중 어느 편이 정답에 가까울지 판단하기 어려웠다. 분명한 것은 그들이 현실의 중력을 효과적으로 감소시킬 수 있는 계기를 제시하고 있다는 것이었다.

이러한 모모의 생각에 아랑곳없이 하이데거는 자신의 말을 이어갔다.

"죽음이야말로 우리의 삶이 본성적으로 변화하도록 만드는 것이니까. 그리고 그 죽음은 한 번 오는 것이 아니라 매번의 사건 속에서 뚜벅뚜벅 걸어 나와 우리로 하여금 진정으로 변화하도록 추동한다는 점에서 중요하다고 할 수 있겠지."

모모는 바로 이 대목이 초기 하이데거 사상의 핵심 중 하나인 죽음에의 선구**라는 개념일 것이라고 짐작했다. 그리고 다음과 같이 질문을 던져보았다.

---

* 하이데거는 인간이란 '자신의 본질로부터 끊임없이 이탈하는 존재'로 규정하고 '탈존(脫存, Eksistenz)'이라 지칭했다.
** 서문의 각주 2를 참조할 것.

"그렇다면 삶이 본성적으로 변화한다는 것은 좋은 일인가요?"

하이데거는 그를 힐끗 돌아보았다. 그는 여기까지 대화를 이해한 모모가 대견하다는 표정을 지었다.

"좋은지 나쁜지는 판단할 수 없지. 오히려 자신을 더욱 위험에 처하도록 할 수도 있는 것이니까. 다만 삶이 더욱 모험적인 것이 되고, 그런 모험적 경험이 축적될수록 더욱 심오해져 간다는 정도로는 표현할 수 있을지도 모르지."

카뮈는 마지막 질문을 던졌다.

"하이데거 씨, 그처럼 죽음이 일종의 망상이라면 우리가 지금 라마르크 씨의 장례식을 엄숙하게 치른 것은 왜 그런 겁니까?"

이에 대해 하이데거는 약간 실소하는 표정을 지은 후 말을 이어갔다.

"내가 삶을 사건으로 설명한 것은 삶이 덜 중요해졌다거나 죽음이 가치가 없다고 말한 것이 아닐세. 오히려 형식적인 장례보다는 삶과 죽음의 진실된 면모를 알고 그것에 예를 표하는 것이 더 중요한 일이겠지."

이 말을 마지막으로 세 사람은 침묵에 빠졌다. 하이데거는 필요한 말을 다 했다고 생각했고 카뮈와 모모는 자신들이 방금 들은 말을 이해하기 위해 거듭 되새기고 있었다.

카뮈, 시지프스의
신화를 말하다

1

모모는 하이데거의 말을 한마디도 놓치는 것이 아까워 이별해야 할 지점을 지나쳐 걷고 있었다. 그러한 사정은 카뮈도 마찬가지였다. 잠시 후 그들은 하이데거와 이별하고 왔던 길을 되돌아오고 있었다. 달을 등에 진 그들의 그림자가 길어 보였다. 모모는 카뮈를 힐끗 보며 생각했다.

'카뮈 씨는 하이데거 씨의 말을 다 알아들었을까? 나보다는 생각이 깊은 분이니 훨씬 더 잘 이해했겠지.'

카뮈는 여러 권의 베스트셀러 소설을 썼고 그 중 몇 권은 상당한 화제작으로 평단의 주목을 받기도 했다. 그는 사르트르와 같은 프랑스인으로 두 사람 모두 실존주의자로 분류되었으며 그 밖에 여러 면에서 상호 비교되기도 했다. 들리는 소문에 의하면 사르트르는 그와의 비교에 너무나 신경을 쓴 나머지 그에게 노벨상이 먼저 주어졌다는 이유로 자신에게 수여된 노벨상마저 거부했다는 말도 있었다.[*]

마을 사람들은 카뮈와 사르트르의 차이를 물고기와 수영 선수에 빗대곤 했다. 수영 선수는 훈련과 노력을 통해 비로소 수영을 잘하게 되지만 물고기에게 수영은 그저 당연한 일일 뿐이다. 물론 수영 선수가 아무리 노력해도 물고기를 따라갈 수는 없다는 것은 자명한 일이었다. 사람들은 사르트르를 수영 선수에, 카뮈를 물고기에 빗대며 킥킥대곤 했지만 사르트르 앞에서는 입도 벙긋하지 않았다. 카뮈에 대해 몹시도 민감한 사르트르가 이런 비유를 들으면 어떤 사달이 벌어질지 몰랐기 때문이다. 그러나 모모의 생각에는 사르트르 씨 또한 이런 주변의 얘기를 다 알고 있을 것만 같았다. 아니, 주변의 소문 때문이 아니라 그 자신도 그렇게 생각할 것 같았다. 그는 똑똑한 사람이므로.

2

그날 모모는 카뮈 씨와 단둘이 걷게 된 것은 행운이라 생각했다.

---

[*] 사르트르는 카뮈(1957년 노벨문학상 수상)에 비해 7년 늦은 1964년 노벨문학상 수상자로 선정되었으나 수상을 거부했다. 문학이 외적 제도의 권위에 복속되어서는 안 된다는 것이 그가 수상을 거부한 명분이었다.

그가 쓴 『시지프스의 신화 _Le mythe de Sisyphe_』(1942)에 대해 궁금한 점이 많았기 때문이다.

"카뮈 씨, 얼마 전에 출간하신 『시지프스의 신화』 말인데요."

카뮈가 돌아보며 말했다.

"그래, 궁금한 점이 있으면 말해보렴."

"시지프스는 어떻게 자신에게 내려진 불행*을 극복할 수 있을까요?"

카뮈는 모모가 자신의 저작을 이해하기 위해 여러 번 되풀이해 읽었을 것이라 생각했다. 그럼에도 이 같은 질문을 하는 것은 자신의 표현이 너무 어려웠거나, 애매했기 때문일 것이라 생각해 미안함을 느꼈다. 그는 최대한 쉽게 설명하리라 다짐하며 말을 시작했다.

"우선 시지프스의 불행이 신들의 저주에 의한 것이라 생각하는 것은 너무 단순하거나 피상적인 이해일 뿐이야. 그의 불행의 가장 근본적인 원인은 그가 신들의 저주를 저주로 인정했다는 사실에서 비롯된 것이지."

저자가 직접 설명하는 것이라 그런지 모모는 더 잘 이해할 것 같았다. 카뮈는 말을 이어갔다.

---

* 그리스 신화 속 인물인 시지프스는 신들에게 반항했다 신들의 저주를 받아, 평지에 놓인 바위를 산꼭대기까지 밀어 올리는 일을 끝없이 되풀이해야 하게 되었다.

"신들의 저주를 그대로 인정했다는 것은 그가 스스로 자신에게 저주를 내린 것과 다름없는 일이야. 즉 신들은 단지 그가 불행해야 할 외양적인 조건만을 제시했을 뿐이고 실제로 불행하게 살 것인지 그렇지 않을지는 시지프스 자신에게 달린 것이지."

이 말을 듣자 모모는 알겠다는 듯 맞받아쳤다.

"그렇군요. 매일 바위를 산 정상으로 밀어 올리는 삶이 불행한 삶이라는 생각은 신들이 그렇게 규정한 것일 뿐이군요. 그런 일을 되풀이하는 삶이 실제로 불행할지, 행복할지는 그것을 실행하는 시지프스의 몫이라는 말씀인 거죠?"

"그렇지. 시지프스의 노역에는 많은 힘이 들지만 힘이 든다는 것이 행복인지 불행인지는 경우에 따라 달라지는 것일 뿐 누구도 미리 정해놓을 수는 없는 일이지. 그러니 시지프스가 자신의 불행을 끝내기 위해서는 그저 신들의 입장에 동조하지 않으면 되는 것이지. 바위를 굴리는 일을 불행이 아니라 오히려 행복으로 전환하는 것은 시지프스 자신의 몫일 뿐이야. 어쩌면 매일 반복되는 힘든 일상 속에서 작은 행복의 요소를 찾아내게 될지도 모르거든. 삶이 고된 만큼 가끔 찾아오는 작은 행복도 더욱 크게 느껴질 수도 있는 법이지. 이처럼 우리는 삶의 모든 영역에서 주관자, 즉 가치 창조자가 됨으로써 마침내 스스로 운명의 주인이 된다는 사실을 말하고 싶었단다."

"결국 소설의 핵심은 자신의 삶이 갖는 가치를 남의 기준이나 규정에 맡기지 말고 스스로 규정해야 한다는 것이네요."

카뮈는 모모의 철학적 소양이 뛰어나다는 소문을 일찍이 들었으나 이처럼 자신의 생각을 빠르게 이해하리라고는 전혀 예상하지 못했다. 그동안 그와 진지한 대화를 나눌 기회가 없었기 때문이다. 아니, 카뮈로서는 중학생에 불과한 앳된 소년과 철학과 관련된 대화를 한다는 생각 자체를 한 일이 없었다. 그는 집으로 돌아가야 할 갈림길에서 모모와 작별을 하면서도 약간 아쉬운 기분이 들었다. 그러나 앞으로 이 소년과 나누게 될 많은 철학적 대화들을 생각하니 벌써부터 기대감으로 즐거워지는 듯했다.

3장

모모의 성장통

과일 서리

1

다음 날 아침 모모의 집에는 의외의 불청객이 들이닥쳤다. 그는 동네 외곽에서 과수원을 운영하는 샐린저 씨였다. 그의 과수원은 아담한 크기였고 주변은 넓은 호밀밭으로 둘러싸여 있었다. 샐린저 씨는 과수를 정성스럽게 키우는 것으로 유명했다. 농약 사용을 최소화했으며 때가 되면 인분과 물을 밭에 꼼꼼히 흩뿌렸고, 과일이 익을 무렵이 되면 근처에 파수꾼을 세워둘 정도였다. 그러나 그는 요 몇 년 동안 과일을 서리당하는 봉변을 당하고 있었는데 도둑들은 파수꾼이 한눈 파는 틈을 타 귀신같이 서리해 간다는 것이었다.

지금 샐린저가 모모의 집을 방문한 것은 그를 범인 중 한 명으로 지목했기 때문이었다. 모모는 샐린저 씨의 뒤에 서 있는 홀든과 싱클레어를 보는 순간 얼굴이 새파랗게 질리고 말았다. 그들은 모모의 급우들이었다. 모모가 그들의 유혹에 넘어가 함께 과수원 담장을 넘어갔던 것은 벌써 2년 전의 일이었다. 그 일 이후 모모는 거리를 지나다 낙담하는 샐린저 씨의 얼굴을 보고 다시는 그런 일을 하지 않으리라 결심했고 그 이후 어떠한 경솔한 행위도 한 적이 없었다.

그러나 지금 홀든과 싱클레어가 샐린저 씨에게 손목을 붙잡혀 온 것을 보면 그들은 여전히 나쁜 버릇을 버리지 못한 것 같다. 그들은 처벌이 두려운 나머지 모모까지 끌어들이면 조금이라도 벌을 경감 받지 않을까 하여 샐린저 씨를 이곳으로 인도해 온 것이었다. 어머니는 모모를 책망하면서도 샐린저 씨에게 손이 발이 되도록 용서를 구했다.

그러나 샐린저의 분노는 누그러지지 않았다. 결국 그들은 경찰서까지 가야 했다. 그곳에서 따끔한 훈계를 들어야 했고, 오랜 시간 조서를 작성한 후 손해를 변상하는 조건으로 간신히 방면될 수 있었다.

샐린저 씨는 경찰서 문을 나서며 말했다.

"너희들이 아직 어리니까 이 정도로 끝나는 게야. 아마 어른이었으면 끝까지 봐주지 않았을 게다."

그의 말은 사실일 것이었다. 그는 하이데거와 마찬가지로 은자의 느낌이 나는 사나이였으며 한번 뱉은 말은 그대로 실행하는 인물로 정평이 나 있었다.

2

작은 마을인 미네르바시에서 이 일은 순식간에 퍼지고 있었다. 소문은 와전되기도 하며 악의적인 색채가 덧씌워지기도 했다. 무엇보다 사람들은 모모가 그런 짓을 했다는 것에 충격을 받는 모습이었다. 어떤 사람들은 배신감을 느꼈다.

"장난꾸러기인 줄은 알았지만 그런 짓을 했으리라곤 생각하지 못했는걸?"

"호기심 많고 착실한 녀석이라 생각했는데 뒤로 호박씨를 까고 있었던 게야."

"나이가 어리다고 봐주는 건 안 될 일이야. 마땅히 엄하게 처벌을 받아야 한다구."

이 일은 마을 소식에 민감한 조세핀의 귀에도 들어가게 되었다.

"모모에게 그런 일이 일어났단 말이지?"

조세핀은 의자에 깊숙이 앉으며 말했다.

"이 좁아터진 마을에서 사람들 입방아에 꽤나 시달리겠는걸. 훗."

조세핀은 이 일을 자신의 계획에 활용할 방도가 없을까 궁리하기 시작했다. 지금 그녀는 자신의 계획에 도움이 된다면 지푸라기라도 잡을 각오가 되어 있었다.

철학자의 위로

1

다음 날 학교에서 돌아오는 모모는 풀이 죽어 있었다. 지금 그는 만나는 사람이 누구든 피하고 싶을 뿐이었다. 학교에서는 자상하신 칸트 선생님마저도 자신을 바라보는 눈빛이 평소보다 따뜻하지 않은 듯했다. 무엇보다 오늘은 수업을 하는 동안 전혀 말을 걸지 않으셨다. 이것은 매우 드문 일이었다.

사람들과 눈을 마주치지 않으려 바닥만 바라보며 걷는 모모에게 누군가 말을 걸어왔다.

"모모야, 잔뜩 풀이 죽었구나."

고개를 들어 보니 프로이트 박사가 눈앞에 있었다. 무엇이든 솔직하게 말하는 프로이트 박사를 만난 것은 그나마 다행일지 몰랐다. 자신의 비행을 알면서도 모르는 척하는 꼴락서니는 더 견디기 어려울 것 같았기 때문이다.

"네가 경찰서에 갔었다는 얘긴 들었다. 어쩌다 그런 짓에 휘말려서는… 쯔쯔. 그렇지만 너무 낙담하지는 말거라. 그 정도의 일은 시간이 좀 지나면 사람들의 뇌리에서 금세 사라지게 될 게다. 다시 되풀이되지만 않는다면…."

"정말 그럴까요, 박사님?"

"내 말을 믿거라. 사람들이란 대부분 자신의 문제로 바빠서 의외로 남의 일에 관심이 적단다. 사람들의 입방아란 대개는 겉치레 인사 같은 것이랄까, 사회생활을 영위하기 위한 가십거리 같은 것에 불과하지."

"프로이트 박사님, 그렇게 말씀해 주셔서 감사해요. 저는 마을 사람들이 온통 그 일만 얘기하는 것 같아서 조바심이 났거든요."

"하하, 솔직히 우리 마을에서 네가 그 정도로 관심을 받을 인물은 아닐 것 같구나. 아마 지금쯤 그 일을 여전히 마음에 담아두고 있을 사람은 당사자인 샐린저 씨 정도밖에 없지 않을까 싶구나. 내가 볼 때 지금 너에게 필요한 것은 너무 예민하게 굴 것이 아니라 그저 일상의 리듬에 충실하게 지내는 것이 아닐까 싶다."

"일상의 리듬에 충실하라구요?"

"그래, 일상적 행위를 가볍게 여기는 사람도 많지만 사실은 그렇지 않단다. 그것은 우리의 무의식과 맞닿아 있기 때문이지. 대부분의 일상은 거의 무의식적으로 이루어지는 것이거든. 그러므로 인간의 진정한 변화란 일상의 변화를 통해 비로소 확인될 수 있는 것이기도 하지. 말하자면 오랜 버릇이나 습관이 바뀌는 것 같은 것이란다."

프로이트 박사의 말은 갑자기 진지한 방향으로 흘러가고 있었다. 그렇지만 호기심 많은 모모는 그러한 말에도 귀를 쫑긋 세우고 경청하고 있었다. 무의식에 관해 프로이트 박사로부터 직접 설명을 듣는다는 것은 거액의 돈을 내고도 감히 누릴 수 없는 호사라는 생각이 들었다.

"이런, 모모를 위로할 생각이었는데 갑자기 강의를 하고 있구나. 하하하. 암튼 때론 시간이 의사의 처방보다 더 약효가 좋은 치료제이기도 하단다. 물론 그 또한 무의식의 자상한 어루만짐이라고 할 수 있겠지. 하하."

프로이트 박사는 호탕하게 웃으며 길 저편으로 사라졌다. 모모는 정신분석학의 거장에게 들은 몇 마디의 말들로 인해 한결 마음이 편해진 느낌이었다.

2

이후에 만난 조르바, 들뢰즈, 니체 등도 비슷한 위로와 충고를 해주었다. 모모는 예민한 아이여서 아침에 눈을 떴을 때만 해도 더 이상 이 마을에서 살기 힘들 것 같아 다른 마을이나 도시로 도망가야 하지 않을까 하는 생각까지 들었었다. 카페 앞에서 들뢰즈를 만난 모모는 이렇게 말했다.

"들뢰즈 씨가 자주 말씀하시는 것처럼 탈주脫走, fuite라도 할까 하는 생각이 들더라구요."

들뢰즈는 '엥?' 하는 표정을 지었다가 이내 웃음을 참지 못했다.

"하하하, 모모야. 내가 말하는 탈주는 그런 뜻이 아니란다."

모모는 머쓱한 표정을 지었다.

"사실 좀 다른 개념인 것 같다는 생각이 들긴 하는데… 그럼 탈주는 정확히 무슨 뜻인가요?"

"내가 말하는 탈주는 부처님께서 행하신 출가, 또는 아브라함이 고향을 떠나 사막 길로 나아가는 행위를 설명하는 개념이라 할 수 있어. 말하자면 어제의 경험은 쓸데없고 내일 일은 예측할 수 없는 상태로 나아가는 행위를 말하지."

"그렇다면 탈주란 스스로를 위험에 내던지는 행위인가요?"

"그렇단다. 목숨을 거는 결단이 수반되는 행위라 할 수 있지."

들뢰즈 씨의 말투와 내용으로 보아 탈주는 꽤 심각한 행위임이 분명했다.

"왜 그런 탈주를 해야 하는 거죠?"

"글쎄… 탈주를 하지 않으면 자기가 죽게 될 것이라 생각했기 때문이겠지. 조금씩 데위지는 주전자의 물 속에 담긴 개구리처럼 말이다. 가령 톨스토이의 경우를 보자. 그는 부유한 집에서 태어나 평생 가난했던 적이 한 번도 없었지. 더욱이 노년에 세계적으로 성공한 작가가 되었으므로 편안하고 화려한 저택에서 살아갔지만 오히려 그는 그러한 환경이 자신을 죽이고 말 거라고 생각했어."*

모모는 부유하고 성공한 톨스토이의 심정이 좀처럼 짐작이 되지 않았다.

'안락한 환경에서 노년을 보내고 후손들에게 둘러싸여 죽음을 맞이하는 게 뭐가 잘못된 거지?'

"결국 그는 82세의 몸을 이끌고 가족들 몰래 한밤중에 가출을 감행했어. 여느 평범한 노인으로 죽느니 차라리 집을 떠나 객사하거나 아사하는 편이 낫다고 생각한 거지."

"그래서 그분은 어떻게 됐나요?"

"어느 간이역에서 병든 몸으로 발견되었고 며칠 동안 역장이 돌보았지만 끝내 죽고 말았지. 그가 의도한 대로 객사에 이른 것이지. 이것은 어떤 객기가 아니라 자신이 끝까지 살아 운동하려는 결단이라

---

* 톨스토이는 노년에 독자에게 이런 편지를 썼다. "분에 넘치도록 사치스러운 가정 생활을 하고 있다는 사실이 나를 날이 갈수록 괴롭히고 있습니다."

봐야겠지.* 이처럼 탈주는 안일해지는 자신을 다잡아 현재의 습관화된 시공간에서 이탈하는 일종의 수행 행위라 볼 수 있단다. 물론 넓게 해석한다면 너처럼 과거의 잘못으로부터 달아나려는 행위도 포함되겠지만 그럴 경우의 탈주는 어떤 좁은 목표나 의도에 갇히는 것이 되어버리지. 그렇게 되면 다시금 재현의 습관으로 빠지거나 또 다른 과오로 연결될 가능성이 적지 않아. 그러므로 진정한 탈주에는 어떤 의도나 목적이 없어야 하는 거란다. 탈주의 목적은 오직 하나, 일상화된 나의 모습에서 도망치려는 것뿐이지."

들뢰즈의 설명에서 '일상'이라는 단어가 나오자 모모는 문득 어떤 착상을 떠올렸다. 그것은 전날 프로이트 박사에게 들은 일상에 관한 설명과 관련된 것이었다.

"그렇다면 탈주란 습관화된 하나의 일상에서 벗어나 새로운 일상을 만들어가는 행위로도 볼 수 있을까요?"

그 말을 듣고 들뢰즈는 깜짝 놀라는 표정을 지었다. 그는 잠시 말을 잃었다가 다시 설명을 이어갔다.

"솔직히 좀 놀랐다. 왜냐하면 지금 너의 말은 좀 전에 내가 한 말들을 가장 쉽게 잘 요약했기 때문이지. 그래, 네 말이 정확히 맞다.

---

* 톨스토이는 죽기 직전에 이런 말을 남겼다. "진리를 원한다… 항상 찾아야 한다."

탈주란 새로운 일상을 짓는, 달리 말하면 어떤 새로운 무의식에 눈 뜨는 일이라고 할 수 있지. 그렇지만 그것은 결코 쉬운 일이 아니기 때문에 '목숨을 거는 결단'이라는 조건을 달았던 거란다."

그 말을 듣자 모모는 며칠 전 니체 씨가 언급한 구원을 떠올렸다. 그가 말했던 구원이란 새로운 일상으로 진입하는 일인 셈이었다. 그러나 그 구원은 어떤 과오나 탈법적 행위로부터 도망친다는 의미가 아니었다. 그것은 인간의 근원적인 병*, 즉 재현적이고 경직된 일상으로부터의 구원이었다. 모모는 부끄러운 생각이 들었다. 들뢰즈가 설명한 탈주에 따르면 자신의 과오로부터 도망치는 것이 아니라 차라리 그저 죄책감을 견디는 편이 더욱 진정한 탈주일 것이라는 생각마저 들었다.

3

저녁이 되어갈 무렵 모모는 프로이트의 병원 근처에서 병원으로 향하던 융과 마주쳤다.

'융 박사님도 소문을 들으셨겠지?' 모모는 저절로 위축되는 기분이었다. 융 박사는 건조한 목소리로 말했다.

---

* 키르케고르는 이것을 '죽음에 이르는 병'으로 규정했다.

"모모야, 괴로운 시간을 보내고 있겠구나."

"사실 그래요."

융은 가던 걸음을 멈추고 잠시 모모를 바라보았다.

"내 생각엔 네가 지금 일종의 보상 심리에 사로잡힐 가능성이 높을 것 같구나."

"보상 심리요?"

"그래. 지금 너의 내면은 심각한 불균형 상태에 있을 것이고, 그럴 경우 다시 균형을 잡고자 하는 어떤 시도로 사방을 두리번거리게 되지. 그런 경우 인간은 어떤 선한 일을 함으로써 과거에 저지른 과오에 대해 균형을 잡을 수도 있겠지만 반드시 그렇게 되지는 않는단다. 그런 기회가 제때 오는 것도 아니고…. 그보다는 오히려 조급한 마음에 엉뚱한 일을 벌일 가능성이 커지고, 그렇게 되면 대개 상황은 더 악화되고 말지."

융 박사의 말은 일종의 경고로 들렸다.

"그래서 하나의 과오는 종종 처음의 과오와는 비교할 수도 없는 더욱 큰 과오로 연결되곤 한단다. 물론 우리 모모가 그럴 리는 없겠지만… 하하. 아무튼 당분간 주변보다는 오히려 자신의 내면을 더욱 잘 보살펴야 할 거야."

이렇게 말하고 융 박사는 예정된 상담이라도 있는 듯 병원 쪽으로 총총히 사라졌다. 모모는 매우 유용하고도 고마운 충고라 생각했다.

조세핀의 유혹

이날도 모모는 학교를 파한 후 사람들과 마주치고 싶지 않은 기분이 들어서 인적이 드문 산책로를 따라 우회하고 있었다. 강변 산책로를 따라 좀 걷자니 저쪽 벤치에 조세핀이 혼자 앉아 있었다. 그녀는 모모를 보자 활짝 웃으며 옆으로 오라는 듯 손으로 자신의 옆자리를 가리켰다. 모모는 말없이 그녀의 옆에 자리를 잡았다.

"저를 기다리신 건가요?"

"그래, 너를 기다리고 있었단다. 네가 요즘 혼자 시간을 보내려 이쪽 길로 올 것 같았거든."

"저한테 하실 말씀이라도 있나요?"

"모모야, 나는 네가 그다지 큰 잘못을 저질렀다고 생각하지는 않아. 이미 한참 지난 과거의 일이고 더구나 그 나이에는 누구나 한 번쯤 실수할 수 있는 것이니까. 어찌 보면 실수치곤 귀여운 편이지. 안 그래?"

모모는 그런지 안 그런지는 자신이 판단할 일은 아니라고 생각했다. 그는 오히려 조세핀 양에게까지 그 사건이 알려졌다는 사실 때문에 마음이 더욱 불편해졌다.

"평소 마을이 지루하고 따분하다 보니 마치 무슨 큰일이나 벌어진 양 입방아를 찧고 있지만 그런 건 한가한 시골 사람들의 가십거리에 지나지 않아."

조세핀의 말은 직설적이고 시원시원했다. 그러나 지금 조세핀 양은 무슨 말을 하려는 것일까. 그런 말이나 하려고 자신을 기다린 것 같지는 않았다.

"사실 나는 전부터 네가 이 좁은 마을에는 어울리지 않는다고 생각하고 있었단다. 뭐, 어차피 마을 자체도 지금 이대로 계속 유지되지는 않을 테지만."

"마을이 이대로 유지되지 않는다구요?"

모모는 눈을 동그랗게 떴다.

조세핀은 주변을 둘러보고는 목소리를 낮추었다.

"모모야, 지금부터 내가 하는 말은 절대 새어 나가서는 안 돼. 알겠니?"

모모는 고개를 끄덕였다.

"너, 이웃 마을에 대규모 산업 단지가 들어설지 모른다는 소문 들었지?"

"네. 들은 적 있는 것 같아요. 그런데 그게 우리 마을과 무슨 상관이죠?"

"너는 아직 어려서 잘 모르겠지만 대규모 산업 단지가 들어서게 되면 그 여파는 상당할 거란다. 전력, 용수, 노동력은 기본이고 이것들을 장기적으로 유지하려면 애초에 산업 단지의 몇 배에 해당하는 토지와 강이 조성 범위에 함께 포함되어야 하지. 이번에 미네르바는 그 노동력의 거주를 위한 베드타운으로 모습을 바꾸게 될 거야. 그렇게 되면 이 마을은 수천, 수만 명이 살 수 있는 화려한 도시로 재탄생하게 돼."

모모는 어리둥절한 표정이 되었다. 그는 '베드타운'이라는 말도 처음 들어보았다. 어쨌거나 지금 그녀는 그렇게 될 경우 마을의 풍광이 상전벽해로 바뀔 거라는 점을 말하는 것 같았다.

"지금 나와 일행들은 그 일을 위한 선발대로서 이 마을에 와 있는 거라구."

모모는 이제서야 조세핀이 지난 몇 년간 빈번히 마을로 여행 왔던 이유를 알게 되었다. 더구나 지금은 여행 시즌도 아닌데 그녀가 이렇게 와 있는 것으로 볼 때 일을 본격적으로 진행할 시점이 가까이 다가온 모양이었다.

"그래서 나는 모모가 우리 계획을 좀 도와주었으면 하는데… 아마 모모에게도 잊지 못할 경험이 될 거야. 수입도 생각보다 많이 생길 걸? 그 나이에는 상상하기 어려운 금액이라고 봐야지."

조세핀은 선심 쓴다는 투로 말했다.

"그렇지만 아직 학생인 제가 뭘 할 수 있죠?"

"물론 모모는 학생이지. 그렇지만 그저 평범한 학생은 아닌 것 같던데? 그동안 좀 알아보니 이 마을에서 모모의 영향력은 일개 학생 정도가 아니더구나. 본인은 잘 모르고 있는 것 같지만…."

"그렇다 해도 제가 할 수 있는 일이란…"

조세핀이 그의 말을 끊으며 빠르게 말했다.

"모모야, 얼마 후에 미네르바 시장 선거 있는 거 알지?"

"네? 시장 선거요?"

"그래, 난 일단 미네르바의 시장이 되어야겠어. 그다음엔 법과 규정에 따라 우리 일행들이 일을 처리하게 될 거야. 이 일을 위해 네가 할 일은 간단한 거야. 시장 선거 유세 때 내 편에서 지원 연설을 해주면 돼. 아마 그때쯤이면 너에 대한 마을 사람들의 뒷담화는 거의 정리되었을 테고 오히려 나이가 어린 너의 연설은 더욱 진정성 있는 것으로 여겨지게 되겠지."

조세핀은 모모에게 확신을 주려는 듯 단호한 어조로 말을 이어갔다.

"그 이후에 펼쳐질 마을의 미래를 생각해 보렴. 마을은 지금의 우중충한 모습에서 벗어나 최첨단 편의 시설들이 즐비하게 들어서게 되겠지. 지금의 마을 사람들에게는 과분할 정도의 시설들이 들어서고, 거리들과 숲들, 심지어 강도 더욱 세련된 모습으로 뒤바뀔 거야."

모모는 마을 사람들을 얕잡아 보는 듯한 그녀의 말투가 맘에 들지 않았다.

"이 인근 마을들과는 전혀 다른, 심지어 대도시와 견주어도 모자람이 없는 매력적인 도시가 되는 거지. 물론 이 일을 거드는 모모는 수입도 상당히 얻게 될 거고. 대도시에 나가 하고 싶은 공부를 하게 될 거고, 네가 원한다면 외국에서 철학 공부를 계속할 수도 있겠지."

너무 충격적인 얘기라 모모는 대답할 말이 생각나지 않았다.

"모모야. 지금 당장 어떤 답을 달라는 건 아니야. 생각할 시간을 줄테니 너 자신과 마을을 위해 어떤 길이 좋을지 생각해 보도록 해. 그렇지만 부디 현명한 결정을 하면 좋겠구나."

말을 마친 조세핀은 모모에게 다시 한 번 비밀 엄수를 당부한 후 강변 산책로를 따라 저편으로 유유히 걸어갔다. 모모는 산책로 끝에서 승용차에 올라 시내 쪽으로 향하는 그녀의 모습을 지켜보다 갑자기 전날 융 박사가 언급한 보상 심리라는 개념을 떠올렸다.

싯다르타,
측은히 여기는 자

1

모모는 복잡한 마음으로 산책로를 계속 걷고 있었다. 이제 저 앞에서 산책로를 벗어나 조금 더 가면 엄마가 기다리는 집에 도달할 것이었다. 그때 석양빛을 등지고 저편에서 걸어오는 사나이가 눈에 띄었다. 바랑을 맨 싯다르타였다. 탁발을 마치고 돌아오는 듯 조금 지친 표정이었다. 모모는 그를 만난 것이 우연이 아닌 듯 반가운 생각이 들었다.

그들은 강이 내려다보이는 벤치에 나란히 앉았다. 해가 넘어가는 이 시간은 매우 고요했다. 모모는 싯다르타에게 방금 조세핀으로부터 들은 얘기에 대해 상담이라도 해볼까 생각했지만 다시 생각해 보니 싯다르타는 그런 이야기를 나누기에 적합한 인물이 아니라는 생각이 들었다. 그의 성품은 언제나 맑고 깨끗했으며 미소 띤 표정은 이미 모든 문제를 초월한 듯한 느낌마저 주었다. 무엇보다 그는 조세핀과 비밀을 지키기로 약속하지 않았던가. 일단 자신이 알아서 결정하고 책임을 져야 할 문제라는 생각이 들었다.

한편 싯다르타 또한 모모가 과거에 저지른 비행에 대해 소문을 듣지 않았을 리는 없지만 그 일을 입에 올리지 않고 있었다. 모모는 고마운 생각이 들었다. 그 또한 그 일을 굳이 입에 올리고 싶은 마음은 들지 않았다. 모모는 탁발을 하며 살아가는 싯다르타의 처지로부터 말문을 열었다.

2

"싯다르타 씨, 매일 탁발하시려면 힘드실 것 같아요. 특히 탁발이 잘 안되는 날은 더 많은 집을 방문해야 할 테니까요."

"모모야, 네가 오해를 하고 있구나. 수행자는 하루에 일곱 집에서만 탁발을 하고 나면 그날의 탁발은 끝이란다."

"네? 일곱 집에서 끝이라구요? 하지만 그동안 음식을 충분히 얻지 못할 수도 있는 것 아닌가요?"

"그런 날은 충분히 먹지 않으면 되지. 하하. 심지어 어떤 날은 핀잔만 듣고 음식은 전혀 얻지 못하는 때도 있지만, 배고픈 것을 두려워했다면 수행의 길에 들어서지 않았겠지."

"그렇군요. 그렇지만 일곱 집이라 해도 매일 탁발하려면 힘들 것 같아요."

"바로 그렇기 때문에 수행자들은 매일 먹는 끼니 하나하나가 보통 일이 아니라는 걸 다시금 깨닫게 되지. 매일 습관적으로 식사를 하게 되면 사람들은 자신이 하는 일의 소중함을 잊게 되거든."

싯다르타는 태연하게 말했다. 그의 말은 모모에게 '고생을 사서한다'는 말로 들렸지만 한편으로는 자신이 수행자의 간절함을 알지 못하기에 그런 생각을 하는 것 아닌가 하는 생각도 들었다.

3

모모는 언젠가 싯다르타가 '삶은 고해苦海'라는 말을 했다는 소문이 생각나 그에게 직접 확인해 보고 싶다는 생각이 들었다. 모모는 짐짓 물었다.

"싯다르타 씨, 삶이란 무엇일까요? 정말 삶은 고해일 뿐인가요?"

모모의 질문을 듣는 순간 싯다르타는 아득한 옛날 자신이 모모와 마찬가지로 사춘기이던 시절 인도에서 보냈던 나날들을 떠올렸다.

'그 무렵의 나는 얼마나 빈번히 이 질문을 되뇌었던가. 지금 내가 이 자리에 이르게 된 것도 바로 이 질문 때문이 아니었던가?'

싯다르타는 빙긋 웃으며 모모를 바라보았다. 그러곤 대답을 시작했다.

"그것은,"

이렇게 말한 그는 잠시 뜸을 들였다. 모모는 그 순간 싯다르타가 마치 스스로 생각해 보도록 여유를 주려는 것 같다는 생각이 들었다.

"우리가 의식을 지닌 존재로서 살아가는 한 '패배할 수 없는 게임'을 하게 된다는 뜻이지. 왜냐하면 의식은 자신이 무엇을 원하는지, 어떻게 하면 행복해질지 알지 못하는 존재이거든."

모모는 싯다르타의 말을 이해할 수 없었다. 지금 싯다르타는 인간은 자신이 무엇을 원하는지 알지 못하는 존재라고 말하고 있는 것 아닌가. 싯다르타는 그러한 모모의 마음을 읽기라도 하듯 지그시 바라보며 다시 천천히 말을 이어갔다.

"이것을 조금 더 구체적으로 설명해 보마. 가령 우리는 배가 고파지면 밥을 먹겠지?"

"물론이죠."

"그런데 그런 일은 어떻게 가능할까? 바로 신체라는 무의식이 의식에게 답을 알려주기 때문이지. 만일 신체가 답을 알려주지 않는다면 우리는 배가 고픔에도 불구하고 밥을 먹기는커녕 뜬금없이 새로 산 옷을 입어본다거나, 침대로 가 잠을 자려 하거나, 새로운 여자

친구를 구하려 거리로 나간다든가 하는 식으로 행동하고 말겠지. 그리고 실제로도 의식은 현실 속에서 이런 일들을 무수히 행하고 있단다. 왜냐하면 우리는 대개 무의식을 잊어버리거나 무시한 채 살아가고 있기 때문이야.[*] 즉 어떤 착각이나 망상에 빠진 채 지낼 수밖에 없다는 것이지."

모모는 더욱 혼란스러움을 느꼈다. 그는 지금 무슨 말을 하고 있는 것일까. 아니 무슨 말을 하려는 것일까.

"모모야, 내 말을 너무 복잡하게 생각할 것 없단다. 나는 지금 의식과 무의식 중 우리가 진정으로 원하는 것을 아는 편은 의식이 아니라 무의식이라는 말을 하고 있는 거란다. 즉 배가 고파서 밥을 먹는 행위는 '의식의 지혜'가 아니라 '무의식의 지혜'라는 뜻이지. 배가 고파진다는 것은 신체라는 무의식이 정확한 타이밍에 의식에 전달하는 신호 같은 것이지."

모모는 싯다르타의 말을 조금 이해할 것 같았다. 싯다르타는 자신의 말을 좀더 구체적으로 설명해 갔다.

"다시 말해, 이 행위에서 진리[**]를 주관하는 것은 의식이 아니라 무

---

[*] 라캉은 인간의 의식이 내면의 무의식에 닿거나, 무의식적 욕망을 결코 충족시킬 수 없다는 사실을 '미끄러짐'이라는 용어로써 표현했다.

[**] 또는 행복.

의식이란다. 의식은 무의식이 신호를 주지 않으면 밥을 먹을 수도, 잠을 잘 수도, 섹스를 할 수도 없단다. 가령 식욕이 없는데 의지만으로 밥을 먹거나, 성욕이 전혀 없는데 섹스를 한다고 생각해 보렴. 그것은 욕망의 충족이 아니라 고통일 뿐이지. 내가 삶을 고해라고 규정한 것은 바로 이런 맥락에서란다."

모모가 생각하기에는 지금 싯다르타는 무의식을 모른 채 의식만으로 살아간다고 생각하는 인간의 착각, 망상에 대해 언급하고 있는 것 같았다. 그에 따르면 의식에 기반한 인간의 삶이란 목적지도 모른 채 착각과 망상의 바다를 떠도는 행위와 다를 것이 없었다. 싯다르타는 모모가 더욱 확실히 이해할 수 있도록 하려는 듯 이렇게 설명을 덧붙였다.

"대부분의 인간이 추구하는 행복은 의식이 아니라 무의식이 좌우하고 있음에도 인간은 자신의 의식적 욕망만을 충족시키려 하며 그것으로 행복해질 수 있다고 착각하고 있지. 일찍이 예수는 이러한 인간의 모습을 어두운 곳에서 잃어버린 돈을 밝은 장소에 와서 찾으려 애쓰는 어리석은 여인에 비유했단다. 여인은 돈을 잃어버린 실제 장소가 어딘지는 상관없이 이쪽이 밝고 잘 보이므로 이쪽에서 찾아야 한다는 터무니없는 생각에 사로잡혔던 것이지. 이것이 의식에 사로잡혀 살아가는 인간들의 모습이라고 말하고 싶구나."

모모는 싯다르타가 타 종교의 창시자인 예수의 비유마저 들먹이자 조금 우스운 생각도 들었으나, 그렇게까지 자신을 이해시키려 애쓴다는 생각을 하자 고마운 마음을 억누를 길이 없었다.

4

"그렇다면 의식에 사로잡히지 않고 살아가는 삶이란 어떤 건가요? 말씀대로라면 우리는 무의식적인 존재로 살아가야 하나요? 어떻게 그럴 수 있죠?"

싯다르타는 다시 한 번 빙긋 웃으며 그를 쳐다보았다.

"하하하, 이제 모모가 수행의 출발 지점에 이른 듯하구나. 지금 너의 질문은 마땅히 수행을 시작하는 모든 이들의 질문이 되어야 하지. 내 생각엔 무의식적 존재로 살아간다는 것은 의식의 주관으로서의 자아를 최대한 억누르고, 지워내는 행위인 것 같구나. 왜냐하면 자아란 한갓된 망상일 뿐이거든. 이것을 후세 불교에서는 공空이라 부르는 것 같더구나."

모모는 싯다르타의 거침없는 말에 깜짝 놀랐다. 그는 잔잔한 찻잔 속에서 돌연 쓰나미를 만들어내려는 인물이 아닐까 생각될 정도였다.

"자아가 망상이라는 말씀은…"

모모는 말을 맺지 못했다. 싯다르타는 잠시 침묵했다. 모모는 조용히 그의 답변을 기다렸다.

"그것은 자아란 어떤 단일하고 통일된 존재 또는 주체가 아니라는 뜻이지."

모모는 문득 하이데거와 니체 씨가 언급했던 '사건'이라는 단어를 떠올렸다. 그들에 의하면 인간은 주관이나 주체가 아니라 어떤 사건 이었다. 지금 싯다르타 씨는 그것을 말하는 것 같았다.

"자아란 매번의 관계 속에서 새롭게 정립되는 존재란다. 즉 자아 는 관계 속에서 거울처럼 대상을 비추며 그것에 맞추어 매번 자신을 만들어내는 존재이지. 그는 아들을 만나면 아버지가 되고, 밥을 대 하면 입이 되고, 책을 보면 독자가 되고, 상사를 만나면 부하가 되고, 적을 만나면 적이 되는 존재인 것이지."*

"그 말씀은…"

"그래, 자아란 자신이 접촉하는 관계에 따라 흘러가는 존재이지. 그러므로 그가 마치 어떤 고정된 정체성이라도 가진 양 행세하며 자 신의 욕망을 채우려 든다면 그저 헛된 망상을 하는 것일 뿐 행복에 닿는 날은 결코 오지 않아. 아니, 마침내 행복해졌다고 생각한들 그 것은 스스로를 속이는 것에 불과한 것이지. 마치 바닷물을 마시고 그 순간 해갈되었다고 생각하는 것처럼."

---

* 이것을 현대 심리학에서는 '페르소나(persona)'라 부른다.

여기까지 말한 싯다르타는 천천히 모모 쪽으로 얼굴을 돌렸다. 그의 얼굴은 여전히 잔잔한 미소를 띠고 있었다.

"이제 우리의 대화를 출발 지점부터 다시 정리해 보자. 삶이 고해인 이유, 즉 인간이 행복에 이르지 못하는 이유는 자신이 누구인지 모르기 때문이지. 자신이 누구인지 모른다면 자신이 진정 원하는 것이 무엇인지 알 수 없을 거야. 다시 말하면 그가 스스로 무엇을 욕망하는지 알지 못한다는 것이지. 욕망을 알지 못하면 충족 또한 있을 수 없겠지. 그러한 존재가 과연 행복에 이를 수 있을까?"

"말씀을 듣다 보니 삶이라는 것도, 또한 행복이라는 것도 표면적인 의식의 놀음일 뿐이니 근본적으로 다시 의심해 봐야겠다는 생각이 드는걸요."

"그런 생각이 든다니 내 말을 잘 따라온 것 같구나. 하하하."

모모는 싯다르타의 말에 지금까지의 우울했던 일을 잠시 잊고 조금 우쭐한 기분이 되었다. 그는 자신에게 일어난 좋지 않은 일이 무엇이건 지적 욕망을 채우는 것으로 충분히 보상이 된다고 생각하는 소년이었다. 그런 그가 마침내 싯다르타로부터 조금이나마 인정을 받은 것이었다. 최근 모모에 관한 소문을 익히 알고 있었던 싯다르타로서도 모모가 대화를 통해 조금이나마 위로를 받는 듯해 마음이 놓였다. 그리고 이것이야말로 싯다르타의 진면목이었다. 즉 싯다르타는 본래 삼라만상을 측은히 여기는 자였다.

조세핀,
치명적인 주이상스

1

선거 유세일이 다가옴에 따라 선거에 대한 사람들의 관심이 높아지고 있었다. 가끔씩 선거 벽보 앞에서 인물평을 하는 사람들도 있었다. 이것은 좀 놀라운 일이었다. 본래 미네르바는 선거에 그다지 관심이 높지 않은 마을이었기 때문이다. 아마 이웃 마을에 산업 단지가 들어온다는 소식을 듣게 되자 환경이 심각하게 변화할 것이라는 예감이 마을 사람들에게 전해진 탓인지도 몰랐다.

모모도 본래 선거에 아무런 관심도 없었으나 그날 조세핀과의 대화 이후 부쩍 선거에 관심을 갖게 되었다. 이번 시장 선거에 출마한 인물은 마르크스, 헤겔, 하버마스로 모두 그가 좋아하는 인물들이었다. 마르크스와 헤겔은 사상 측면에서 비슷한 듯하면서도 라이벌 구도를 형성하고 있었고 하버마스는 앞의 두 사람을 섞어놓은 듯 계몽주의적* 입장을 취하면서도 20세기 전반의 대규모 전쟁과 복구의 경험, 그리고 20세기 후반의 기후 변화라는 시대의 변화를 반영한 자신만의 사상 체계를 구축하고 있었다. 이상한 것은 조세핀이 후보 명단에서 빠져 있다는 사실이었다.

'지난번에 분명히 시장이 될 거라고 했는데… 그러려면 먼저 후보로 나서야 되는 거 아닌가?'

도무지 알 수 없는 일이었다.

2

싯다르타와 대화를 나눈 지 이틀 후 모모는 시내에서 손에 커피가 담긴 종이컵을 든 채 길을 건너는 라캉 씨를 우연히 만났다. 그는 프로이트의 정신과 병원의 인턴으로 근무하고 있었다. 그렇지만 지난번에 모모가 병원을 찾았을 때는 다른 일이 있었는지 만나지 못했었다. 그 또한 프로이트와 융의 서로 다른 견해 사이에서 어려운 시간을 보내고 있었는데 후일 그들이 결별한 후에는 최종적으로 프로이트를 선택했다.**

---

*　일부에서는 헤겔과 마르크스 사상의 혁명적 성격을 주목하여 그의 사상을 낭만주의로 분류하기도 한다.
**　라캉 사유의 전 과정에서 핵심적 모토가 된 것은 '프로이트로 돌아가자'였다.

이 무렵 마을에서는 라캉 씨가 조세핀에게 프로포즈했으나 거절
당했다는 소문이 퍼져 있었다. 그래서 그런지 이 날도 라캉 씨의 표
정은 밝지 않아 보였다. 그래도 모모를 마주쳤을 때는 먼저 인사를
해 왔다.

"모모야, 오랜만이구나."

"라캉 씨, 안녕하세요? 오늘은 웬일인지 표정이 좀 어두워 보이시
네요?"

라캉은 모모가 그처럼 솔직하게 반응하는 것이 싫지 않았다.

"그러게 말이다. 치명적인 주이상스jouissance를 경험한 후유증인
셈이지."

라캉은 슬쩍 돌려서 말하고 있었다.

"조세핀 양에 대한 말씀인가요?"

"맞다. 나에게 그녀는 독이 든 줄 알면서도 마시게 되는 성배 같은
존재라고나 할까. 쩝."

"말하자면 금단의 열매 같은 건가요?"

라캉은 모모의 반응이 귀여워서 우울하던 차에 기분 전환이 되는
느낌마저 들었다.

"그래, 성서에 따르면 인간은 반드시 금단의 열매를 따 먹도록 되
어 있지."

"반드시라구요? 왜 그렇죠?"

"하하, 오늘도 모모의 질문 공세가 시작되는구나."

여기까지 라캉은 유쾌하게 받아주고 있었다.

3

"인간이 금단의 열매를 따먹는 것은 일종의 위반을 저지르는 것인데 나는 이것을 주이상스라 부르지."

그 순간 모모는 마침내 라캉 사유의 핵심적 개념 중 하나인 주이상스에 대해 직접 듣게 되어서 행복한 기분이 되었다. 사실 라캉의 사유는 처음부터 끝까지 어려운 것으로 정평이 나 있었다. 일부 마을 사람들은 도무지 이해할 수 없는 그의 개념과 문장들에 대해 일종의 '지적 허세'라 평가 절하하기도 했다.

"인간이 기필코 금단의 열매를 따 먹는 까닭은 그것을 먹으려는 욕심보다는 어떤 위반을 통해서 자신의 욕망을 확인하기 위해서라고 볼 수 있단다."

라캉의 설명은 처음부터 호락호락하지 않았다. 모모는 중간중간 질문을 던짐으로써 설명이 차근차근 이루어지도록 하는 수밖에 없다고 생각했다.

"위반을 통해 욕망을 확인한다는 말은 무슨 뜻이죠?"

"우선 인간은 욕망을 통해서만 행복을 취할 수 있는 존재이거든. 말하자면 사람들이 흔히 말하는 행복이란 욕망의 충족에서 오는 것이지."

인간은 욕망을 통해서만 행복할 수 있다는 그의 말은 이해할 수 있었다. 그러나 욕망을 확인한다는 말은 무슨 말인지 여전히 이해가 되지 않았다.

"그 말씀은 우리가 평소 욕망을 잊어버리기라도 했다는 말씀인가요?"

"그렇다고 볼 수 있지. 왜냐하면 우리는 평소에 다양하고 복잡한 금지 규정들에 겹겹이 둘러싸여 있으니까."

"금지라구요?"

"그래, 금지 말이야. 금지는 정신분석에서 매우 중요한 개념인데, 사실 인간의 문명이란 금지에서 시작되어서 금지에 의해 완성되는 것이라고 해도 과언이 아니란다. 가령 현대인의 하루란 금지에서 시작해서 하루 종일 금지를 피해 다니다 잠자리에 드는 것이라고 해도 틀린 말은 아니지."

"금지란 우리가 지켜야 할 법이나 도덕 같은 걸 말씀하시는 건가요?"

"그래, 맞다. 그것들이 대표적인 금지 규정들이지. 내 말을 잘 따라오고 있구나. 하하."

4

그렇지만 모모는 좀 혼란스러웠다.

"그렇다면 우리가 법과 도덕을 잘 지킬수록 욕망을 잊어버리게 된다는 말씀으로 들리는데요?"

"그렇단다. 왜냐하면 법과 도덕이라는 금지는 욕망을 억제하기 위해 생겨난 것이지만 이것들의 개수가 점점 많아지고 날마다 이것들을 준수하는 것에만 신경을 집중하다 보면 어떤 욕망 때문에 어떤 금지가 생겨난 것인지 도무지 알 수 없는 지경에 이르고 말지."

다행스럽게 여기까지는 무리 없이 이해할 수 있었다.

"시간이 지날수록 애초에 특정한 법과 도덕이 생겨나게 된 맥락이랄까, 그 본래의 취지를 잊게 된다는 말씀이군요?"

"그렇지. 우리는 그것들을 준수하는 데만 정신이 팔려 마침내 금지를 맹목적으로 재현하는 상태, 즉 법과 도덕에 대해 '준수를 위한 준수'를 하는 상태로 일상생활을 영위하게 되지."

생각해 보니 그런 것 같기도 했다. 자신을 포함한 많은 사람들은 맹목적으로 법과 도덕을 준수할 뿐 그것과 관련된 욕망 같은 것은 그다지 떠올리지 못하는 상태라는 생각이 들었다. 정작 그것들은 욕망을 저지하기 위해 생겨난 것인데도 말이다. 그 순간 갑작스레 라캉 씨의 질문이 들어왔다.

"욕망을 의식하지 못한 채 법과 도덕만을 충실하게 준수하는 삶이란 어떨 것 같니?"

이 질문에 모모는 잠시 망설이다 작은 목소리로 대답했다.

"모범적이긴 하겠지만 단조롭고 지루할 것 같은데요?"

"하하, 정직한 대답이구나. 네 말이 맞다. 그런데 인간은 행복하려
고 사는 것이니 그렇게 지루한 삶은 누구도 바라지 않을 거야.* 그러
므로 바로 이 대목에서 등장하는 것이 내가 말하는 '위반으로서의
주이상스'란 개념이란다."

모모는 그의 설명이 어려운 것은 아니라고 생각했다. 아니, 점점
더 재미있어지는 것 같았다. 그는 온 신경을 집중해서 듣고 있었다.

"한마디로 주이상스란 법과 도덕을 위반함으로써, 그것들이 금지
하는 욕망을 환기하고 그로 인해 아득히 잊어버렸던 행복을 다시금
환기하려는 시도라 할 수 있지. 즉 법과 도덕의 과잉으로 인해 상실
되었던** 욕망과 행복의 관계를 다시금 확인하는 것이라 할 수 있지."

그러나 이 대목에서 모모는 다시 혼란스러워졌다. 어쨌거나 지금
라캉 씨는 법과 도덕에 대한 위반이나 일탈 행위를 옹호하고 있는
것 아닌가? 라캉 씨는 모모의 그러한 생각을 읽기라도 하듯 미소 띤
얼굴로 그를 물끄러미 바라보았다.

---

* 여기서 라캉이 말하는 '지루한 삶'이란 재현(representation)되거나 재현에 사로잡힌 삶을 말한다.
** 또는 '전도(轉倒)되었던'.

5

"지금 네 표정을 보니 내가 일탈이나 범죄를 부추기는 인간이라고 생각하는 듯하구나."

모모는 뜨끔한 기분이 되었다.

"아니에요. 저는 라캉 씨를 그런 분이라고 생각한 적 없어요."

"하하, 고맙구나. 그래도 그런 식으로 오해하는 사람도 일부 있단다. 결국 오해는 풀리겠지만."

"그렇다면 라캉 씨가 말하는 위반이란 어떤 것인가요?"

"모모야, 그 질문에 대답하기 전에 너에게 꼭 들려줘야 할 말이 있단다. 그것은 내가 하는 모든 말은 철저히 프로이트 선생님의 사상 위에 근거하고 있다는 것이지. 즉 나의 위반이라는 개념도 어떤 성적인 측면에서 이해하면 쉽게 풀린단다."

이 순간 모모의 머릿속에 어떤 생각이 언뜻 스쳐 지나갔다.

"그렇다면 라캉 씨가 위반이라고 말씀하신 건 성적인 위반, 그러니까 변태…?"

이 말에 라캉 씨는 약간 쑥스러운 표정이 되었다. 그 표정을 보고 모모는 자신의 짐작이 틀리지 않았음을 확신할 수 있었다.

"이거 뭐, 모모가 너무 잘 알아들어서 내가 쑥스러울 정도이구나. 네 말이 맞다."

"그 말씀은 변태도 필요하다는 말씀인가요? 아니면 우리 모두가 변태가 되어야 한다는 말씀인지…?"

"모모야, 솔직히 말해보자. 성적인 변태란 것은 인간이 임의로 정한 규정일 뿐이란다. 오히려 그것은 성적 실험이라고도 표현할 수 있는 것 아닐까? 사람들은 왜 성처럼 사적인 부분에 어떤 표준을 정해야 한다고 생각하는 걸까? 난 이런 생각에 동의하지 않는단다. 굳이 성에 대해서만 '변태'라는 표현을 쓰는 것도 지나치게 보수적 태도라는 게 내 생각이다."

말하자면 그는 변태란 불필요한 규정일 뿐 그런 것은 없다는 입장인 것 같았다. 그러나 만일 변태가 존재하지 않는 것이라면 성적인 영역에서 금지란 없다는 말이 되는 것 아닌가?

"성적인 변태가 존재하지 않는다면 이 부분에서 금지란 없다는 얘기 아닌가요?"

라깡은 모모의 질문이 너무나 적절하고 날카로워서 내심 감탄을 금할 길 없었다.

"내 말은 성적인 부분은 가장 사적인 영역이어서 금지가 있기도 하고 없기도 한 애매한 영역으로, 애초에 금지가 탄생하는 원초적인 영역이라는 뜻이란다." 그렇기에 그 영역에서의 위반은 법과 도덕의

● 이와 비슷한 맥락에서 레비스트로스(Claude Lévi-Strauss, 1908~2009)는 '근친혼의 금지'가 모든 문명의 출발점이라고 주장했다.

금지가 추구하는 바를 가장 잘 환기할 수 있기도 한 것이지."

아직 중학생인 모모로서는 이 말에 대해 가타부타 말하기 어렵다
는 생각이 들었다.

"아무튼 인간은 가장 내밀한 부분에서 위반을 저지름으로써 자신
만의 삶의 욕망을 되찾고 동시에 삶의 에너지, 즉 리비도libido를 확인
하고 분출할 수 있단다. 그리고 그것이야말로 그가 쾌락, 또는 행복
에 다가간다는 뜻이기도 하지. 이것이 내가 말한 주이상스의 참뜻이
란다."

6

모모는 라캉의 말을 다 알아들은 것은 아니었으나 주이상스를 이
정도나마 이해할 수 있어서 다행이라 생각했다. 그러나 한편으로는
그가 프로이트의 범성욕론*을 개인이 아니라 사회적 법과 도덕의 존
재를 설명하는 데 교묘하게 활용하고 있다는 생각도 들었다. 또한 그
가 말하는 위반이란 프로이트가 말년에 언급한 **죽음충동**Todestrieb**

---

* 성욕을 통해 모든 인간의 행위와 사회적 현상을 설명하려는 프로이트의 핵심적 지론이다.
** 유기체의 내부에는 삶의 긴장감과 피로감으로부터 벗어나기 위해 차라리 무기체로 돌아가려는 충동이 늘 존재하고
있다는 주장이다. 프로이트가 1920년 『쾌락 원칙을 넘어서Jeneits des Lustprinzips』에서 최초로 주장했다.

과도 맞닿아 있는 듯했다. 죽음충동은 성욕론으로 일관한 심리학자 프로이트가 말년에 이르러 철학자로서의 존재감을 과시한 대목이기도 했다.

아무튼 모모는 길 한가운데서 이루어진 짧은 대화에서나마 자신의 개념을 이토록 열심히 설명해 준 라캉 씨에게 고마운 마음이 들었다. 라캉은 식어버린 커피를 홀짝거리다 잠시 모모를 물끄러미 바라보며 농담 반 진담 반으로 이렇게 말했다.

"모모야, 내 어려운 말을 알아듣느라 수고했다. 아마도 모모가 사춘기를 지나 좀 더 성장하면 머리뿐 아니라 몸과 마음으로도 이해하게 될 날이 올 게다. 하하!"

이 말에 모모는 얼굴이 붉어지는 기분이었다. 정신분석학파의 사상가들이 때와 장소를 구분하지 않고 선정적이고 노골적인 언사를 해댄다는 것은 마을에서도 이미 잘 알려진 사실이었다.

그러나 모모는 이들과 대화를 나누고 나면 자신이 갑자기 쑥 성장하기라도 한 듯한 기분이 들기도 했다. 라캉 또한 모모와의 대화를 통해 우울했던 기분이 조금은 나아진 듯했다. 그는 이제 다시 웃을 수 있을 것 같은 자신감도 느꼈다. 그는 모모와 작별 인사 후 아까보다는 훨씬 가벼운 걸음으로 사람들 사이로 사라졌다.

사건에 대한
애도로서의 철학

1

모모는 곧 다가올 중간고사를 준비하려 마을 도서관에서 공부와 씨름하고 있었다. 그러나 조세판과의 일 때문에 좀처럼 집중하기가 어려웠다.

'이러다 시험마저 망치면 학교에서도 무시당할 텐데….'

모모는 초조한 기분이 되어 기분 전환도 할 겸 책을 덮고 로비로 걸어나갔다. 그곳에서는 신임 도서관장인 보르헤스가 커피를 마시며 얇은 책을 읽고 있었다. 시력이 좋지 않아 고개를 거의 책에 처박고 독서하는 그의 모습은 필사적으로 보였다. 그의 이러한 모습 때문인지 그와 동석한 사람은 아무도 없었다. 모모는 그의 앞에 조심스럽게 자리를 잡았다.

그를 알아본 보르헤스는 미소 띤 표정을 지었다. 요즘 모모는 만나는 거의 모든 사람에게 조세핀에 대한 의견을 물어보곤 했으나 보르헤스에게는 묻지 않기로 했다. 모모는 지난번 보르헤스와 거리에서 만났을 때 그가 조세핀에 대해 말했던 것들을 기억하고 있었다. 이데올로기 몰입으로 인한 자아 과잉, 그리고 『호밀밭의 파수꾼』으로 연결되었던 대화가 그것이었다. 이러한 견해들을 종합했을 때 조세핀 양은 아름답고 세련된 외양에도 불구하고 사람들로부터 그다지 좋은 평판을 받고 있지 못하다는 점은 확실한 것 같았다. 그러나 그녀가 하려는 일이 장차 마을에 이로울지, 해로울지는 쉬이 판단하기 어려웠다.

2

모모는 지금은 그런 일에 신경 쓰기보다 앞에 앉아 있는 이 위대한 작가이자 평론가에게 철학에 대한 견해를 들어보고 싶었다. 그것은 앞으로 철학자의 마을에서 살아갈 보르헤스에게도 중요한 문제일 것 같기도 했다. 모모의 언제나처럼 명료한 질문으로 시작했다.

"관장님께서는 철학을 무엇이라 생각하시나요?"

당돌한 질문이었지만 보르헤스에게는 대수롭지 않은 것이었다. 그는 오랜 세월 지성계에 몸담아 오면서 온갖 종류의 질문과 논쟁들, 심지어 비난에도 익숙해져 있었다.

"모모야, 네가 철학에 관심이 많은 것은 이미 익히 들어 알고 있었다. 한 번쯤 그런 종류의 질문을 할 것 같았지."

그는 모모의 질문을 예상하기라도 했다는 듯 말하며 부드러운 미소를 지었다.

"내 생각에 철학이란,"

그는 어떻게 하면 쉽게 표현할까 잠시 생각하는 눈치였다. 모모는 주름 많은 그의 얼굴을 주목하고 있었다.

"모든 유한한 것들, 또는 죽어가는 것들에 대한 애도라 생각되는구나."

그의 말은 기존의 철학에 대한 일반적인 생각과 너무나 달라 모모는 당황하는 표정을 감출 수 없었다. 보르헤스는 천천히 말을 계속했다.

"모든 사물은 유한하기 때문에 우리는 그것을 사건이라 부를 수 있단다. 말하자면 사건이란 어떤 시간적 유한성을 갖는 것이지. 사실 우리는 우주 안의 모든 것을 사건이라 부를 수 있지. 일찍이 리 스몰린Lee Smolin*이라는 과학자는 '우주는 사건으로 충만한 장소'라 말한 적도 있지."

모모는 지난번 하이데거와의 대화 이후 어렴풋하게나마 사건이라

---

* 카를로 로벨리(Carlo Rovelli, 1956~, 이탈리아의 물리학자)와 더불어 루프 양자 중력 이론을 대표하는 물리학자이다.

는 용어의 의미를 이해할 수 있을 것 같았다. 하이데거는 삶을 사건의 총체로 보았으며 사건들의 본질은 유한성에 있다고 말했었다.

"가령 산에 있는 바위를 생각해 보렴. 우리는 그것을 사물로 보지만 그것 또한 시간 속에서 형성되고 사라지는 하나의 사건이란다. 만일 아득한 지질학적 시간의 지평에서 초고속 카메라로 그것을 촬영한다면 그것이 순식간에 형성되었다가 사라지는 것을 볼 수 있겠지. 우주의 역사, 또는 지구의 역사라는 긴 시간에 비추면 바위뿐 아니라 모든 것은 일정 기간에 걸쳐 존재했다 사라지는 사건들이지. 나는 철학이란 바로 이러한 모든 사건들의 유한성에 바치는 애도라 본단다. 사실 우리 주변의 모든 것은 이 순간에도 조금씩 죽어가거나 사라지고 있는 것이니까."

"그렇군요. 그런데 그렇게 말씀하시니까 왠지 철학이라기보다는 시적 감성이 느껴지는걸요."

"하하, 맞다. 그렇지만 이것이야말로 존재론자의 감성이 아닐까 싶구나. 20세기 최대의 존재론자인 하이데거도 말년에 이르러서는 철학이란 시를 짓는 일과 다를 바 없다고 했단다.* 존재론의 본질은 변화에 대한 감각이고 변화의 전개가 최고조에 달하는 지점은 어떤 사

---

* 하이데거는 후기에 진정한 사유의 형태로 시작(詩作)을 제시했으며, 최고의 사유자로 독일의 시인 횔덜린(J. C. F. Hölderlin, 1770~1843)을 지목했다.

라짐이나 유한성, 즉 죽음에 이를 때이거든. 그런데 죽음은 말이나 개념으로 설명하기보다는 어떤 강렬한 느낌으로 나타나는 것이고,* 그러한 느낌을 포착한다는 측면에서 강점을 갖는 것은 역시 시인들이지. 그래서 후기에 하이데거는 그 자신이 시인이 되려 노력했던 것이지."

3

모모는 복잡한 존재론을 간단히 요약하는 보르헤스의 모습에 감탄을 금할 수 없었다. 그렇지만 그는 더 알고 싶은 욕심에 다시 질문을 이어갔다.

"그렇다면 애도란 뭔가요? 그냥 슬퍼하면 되는 건가요?"

보르헤스는 언제나 적절한 질문을 하는 그에게 내심 놀라면서도 대견한 생각이 들었다.

"애도라는 것은 말이다,"

그는 다시 말을 이어갈 채비로 헛기침을 했다. 뭔가 중요한 것을 말할 때마다 하는 습관 같았다.

"여러 가지 방법이 있겠으나 가장 철학적인 애도는 그것에 이름을

---

* 하이데거는 죽음이란 표상(vorstellung)하거나 언어로 설명할 수 없는 것이라고 파악했다.

붙여주는 일이 아닐까 생각되는구나."

"이름을 붙여준다구요?"

모모는 바로 되물었다. 그것은 생각지도 못한 답변이었기 때문이
다.

"그래. 이름을 붙여준다는 것은 대상에 대한 어떤 애도이기도 하
고 예우이기도 하지. 설령 그것이 죽거나 사라져도 이름은 남을 테
니 그것보다 더한 애도, 예우가 어디 있겠니?"

황당한 생각도 들었지만 그럴 법하다는 생각도 드는 답변이었다.

"이름을 불러준다는 것은 그것과 내가 특별한 관계에 놓이게 된다
는 뜻이란다. 바로 이 특별한 관계를 나는 진정한 앎이라고 생각하
지. 가령 네가 뒷산에 서 있는 한 그루의 나무를 평소처럼 그냥 나무
라 하지 않고 '철수'라 부르기 시작한다면 그것은 너에게 더 이상 평
범한 나무들 중의 하나가 아니게 된단다. 너는 이미 이름을 가졌기
때문에 이름으로 불린다는 것이 별것 아닌 것 같을지 몰라도, 만일
네가 어떤 것을 진정으로 사랑하고 예우한다면 무엇보다 먼저 그에
게 이름을 지어주고 그 이름으로 불러주어야 해."

모모는 되물었다.

"그 말씀은 주변에 있는 사물, 아니 사건 하나하나에 일일이 이름
을 붙여주어야 한다는 말씀인가요? 가령 제가 가진 세 자루의 연필

을 연필이라 부르지 않고 경훈, 영희, 민식이라 불러야 하나요?"

모모의 말에는 약간의 비아냥이 섞여 있었으나 보르헤스는 그의 말을 선뜻 받아들였다.

"말이 잘 통해서 기쁘구나. 물론이지. 그뿐 아니라 바다에서 일렁이는 파도 하나하나에도, 내 뺨을 스치는 단 한 번의 산들바람에도 이름이 필요하지. 우리들이 무심히 봤을 때 그것들은 다 똑같아 보이지만 사실 저마다 존재 방식은 다르기 때문이야."

이 대목에 이르자 모모는 어이가 없다는 표정을 짓고야 말았다.

"어떻게 그런 생각을 하실 수 있죠?"

"바로 그것이 시인의 감성이란다. 길게 설명할 것 없이, 마침 내가 읽고 있던 한국의 어떤 시인의 작품을 소개하면 더 잘 이해가 될 듯 싶구나. 그는 들판에 아무렇게나 피어 있는 수많은 풀꽃들에 대해 다음과 같은 태도를 취하고 있지."

보르헤스는 그가 지금껏 머리를 처박고 읽고 있던 시집의 한 부분을 펼쳐 읽기 시작했다.

4

"꽃들에게 인사할 때

꽃들아 안녕!

전체 꽃들에게

한꺼번에 인사를

해서는 안 된다.

꽃송이 하나하나에게

눈을 맞추며

꽃들아 안녕! 안녕!

그렇게 인사함이

백 번 옳다."*

　모모는 참으로 경이로운 시라 생각했다. 보르헤스는 책에서 고개
를 들며 말을 이어갔다.

　"생텍쥐페리의 소설『어린 왕자』에 나오는 5천 송이의 장미는 왕
자에게 그저 스쳐 지나가는 보통명사로서의 '장미'로 남았어. 하지만
이 시인은 왕자가 각각의 꽃들에게 저마다 한 번씩 인사했어야 한다
고 주장하고 있는 셈이지."

　여기까지 말한 보르헤스는 살짝 짓궂은 표정을 지으며 말했다.

---

*　나태주, 「꽃들아 안녕」, 『꽃을 보듯 너를 본다』, 지혜, 2015.

"이제 모모에게 퀴즈를 하나 내보고 싶구나. 이것이 표현하려는 철학적 이념은 무엇일까?"

보르헤스의 갑작스러운 질문에 모모는 당황했지만 잠시 고민한 후 대답했다.

"혹시 영원회귀⋯ 아닌가요?"

보르헤스는 모모의 대답에 너무 놀라 의자에서 떨어질 뻔했다. 그는 모모가 이렇게까지 영민할 줄은 몰랐던 것이다.

'들뢰즈, 니체와 대화가 통한다더니 과연 다르구나!'

보르헤스는 잠시 중단되었던 대화를 이어갔다.

"그렇단다. 과연 모모로구나. 나는 우주 안의 모든 사건에 일일이 그리고 끝없이 이름을 붙여나가는 일이야말로 영원회귀의 정신이라 생각한단다. 말하자면 영원회귀란 나와 평범하고 일반적인 관계에 있던 것들을 하나하나 독특하고 특별한 관계로 만들어나가는 끝없는 과정이지."

모모는 영원회귀에 대한 보르헤스의 설명은 지금껏 들어본 영원회귀 이론 중에서 가장 쉽고 문학적인 것이라 생각했다. 과연 그의 설명은 문학의 대가답게 거침없었다.

"그런 점에서 나는 영원회귀의 정신을 이토록 잘 표현한 시는 본 적이 없단다. 이 시인은 우주에 가득한 모든 사건들에 대한 사랑과 애도의 마음을 표현하고 있는 것이지."

모모는 한국에 놀라운 시인이 살고 있다고 생각했다. 또한 철학과 시의 세계가 맞닿아 있다는 사실을 경이롭게 생각하게 되었다. 그렇게 된 까닭은 현대 존재론의 본질은 '창조'*이며, 시작詩作이야말로 그것을 가장 세련된 형태로 드러내기 때문이 아닐까, 라는 나름대로의 결론을 내려보기도 했다.

5
~

보르헤스가 설명을 마무리 지으려는 시점에 이르자 이번엔 모모가 짓궂은 질문을 던졌다.

"그런데 애도가 끝없는 이름 짓기라면 아무리 유능한 시인이라 해도 결국에는 이름을 지을 단어가 부족해지지는 않을까요?"

"허허, 그런 문제가 발생할 수도 있겠구나. 그건 미처 생각 못 했는걸."

"게다가 철학자와 시인들은 평생 사물들의 이름만 짓다 인생이 끝날 것 같은데요?"

이름 짓는다는 것을 글자 그대로 해석하여 던진 농담이었으나 보르헤스 또한 짐짓 진지한 표정으로 받아주고 있었다.

---

* 창조는 일종의 본성의 변화를 뜻하는 것으로 죽음 또는 유한성이 매개되어야만 가능하다는 것이 존재론의 입장이다.

"그러게 말이다. 이름이 많아지면 헷갈리지 않도록 하는 일도 쉽지 않겠지. 그렇지만 어쩌면 최근에 출현한 인공지능AI의 도움을 받는다면 더 수월하게 할 수 있지 않을까?"

모모와 보르헤스는 함께 웃음을 터뜨렸다. 웃음을 그치고 보르헤스는 이렇게 덧붙였다.

"물론 실제 이름 짓기는 그와 같이 평면적으로 해나가는 작업은 아닐 것 같구나. 무엇보다 각 시대와 사회에는 어떻게든 자신만의 이름을 얻고자 갈망하는 이들이 있게 마련이지. 이름 짓기란 어두운 그늘에 있으면서 무시당하는 소수자, 주변인들의 목소리에 특별한 관심을 가지고 귀를 기울이는 일이겠지."

결국 애도, 즉 이름 짓기란 주변 사람들뿐만 아니라 심지어 작은 사물에 이르기까지 구체적이고 특별한 관계를 만들어나가는 일이라는 생각이 들었다. '어떻게 보면 산다는 건 만나고 접하는 모든 것에게 정성을 다하는 일이 아닐까?'라는 생각도 들었다. 모모는 유익했던 보르헤스와의 대화를 마치고 다시 자리로 돌아갔다.

4장

선거를 둘러싼
음모들

치열했던 선거 유세

1

선거 유세일이 되자 사람들은 마을 광장으로 모여들고 있었다. 마을의 단조로운 일상에 모처럼 볼거리가 생긴 셈이었다. 누가 시장이 되든 작은 마을에 큰 변화는 없겠지만, 그래도 이번 선거에는 꽤 저명한 인물들이 출마하고 있어서 의외로 재미있을 수도 있다고 생각하는 사람도 있었다.

모모는 친구들과 함께 연단에서 멀찍이 떨어진 곳에 자리 잡았다. 혼자 오기 머쓱해서 선거에 관심도 없는 친구 몇을 데리고 온 참이었다. 연설 시간이 가까워지자 더 많은 사람이 입장하기 시작했다. 몇몇 사람은 이렇게 중얼거렸다.

"마을이 생긴 이래, 시장 선거에 이렇게 많은 사람이 모이는 건 처음 보는걸?"

선거 유세장 입구 쪽에 가까이 자리 잡은 모모를 보고 여전히 싸늘한 눈길을 주는 사람도 있었다. 아직 과수원 서리 사건의 잔상이 남아 있는 듯했다. 어떤 사람은 투표권도 없는 어린 학생들이 와 있다는 사실을 의아하게 생각하기도 했다.

"통행에 방해되니 저쪽으로 비키거라. 이 녀석들아."

모모가 지금 가장 관심을 가진 것은 역시 조세핀 양의 등장 여부였다. 그는 그녀가 후보 명단에서 빠져 있다는 사실이 믿어지지 않았다. 그녀는 매사에 깐깐했으며 결코 빈말을 하는 스타일이 아니었기 때문이다. 만일 그녀가 등장하여 연설을 하게 된다면 어떤 말을 할지도 궁금했다. 무엇보다 그녀의 공개적인 연설을 듣는다면 그녀의 제안에 대하여 좀 더 확실하게 마음을 정할 수 있을 것 같았다.

그녀에 대한 사람들의 평은 대체로 부정적이었지만 그래도 누가 알겠는가. 그녀의 말대로 마을이 베드타운인지 뭔지로 변신하여 모두에게 이로운 일이 될 수 있다면 굳이 마다할 이유는 없었다. 특히 마을이 외부와 교섭을 해야 할 때 그녀가 가장 유리한 조건으로 재원을 끌어올 수 있는 인물이라면 마을로서도 나쁜 일은 아닐 것이었다. 물론 모모 자신에게도.

2

시간이 되자 후보들의 연설이 시작되었다. 첫 번째 연설자는 헤겔이었다. 그는 웅변 학원 원장답게 연단에 올라서자 우렁찬 목소리로 연설을 시작했다. 그는 우선 미네르바의 시장을 자율적으로 선출하는 것은 자유인의 권리라는 말로 서두를 열었다. 서두를 듣는 순간 모모는 그의 연설이 길어질 것 같다는 생각이 들었다. 헤겔은 자유란 이성적인 것이어야 한다는 얘기를 했으며 이성적인 것은 고정된 것이 아니라 부단히 변화하고 발전해 나가는 것이라 했다. 모모는 이 대목이야말로 철학계에서 헤겔이 이룩한 가장 큰 공헌이라 생각했다. 헤겔은 이전의 철학자들과 달리 이성을 변화하는 것으로 파악했던 것이다. 이어서 헤겔은 이성의 발전은 결국 공통의 역사를 경험해 온 사람들*을 포괄하는 공동체적 이성에까지 이르러야 할 것이라고 주장했다. 그러면서 이 마을에서 가장 오래 살아왔고 마을의 전통을 꿰고 있는 자신이야말로 마을의 발전을 위해 가장 이성적인 판단을 할 수 있는 인물임을 강조했다. 그의 연설은 후반부로 갈수록 다소 중언부언하는 느낌을 주었다.

모모의 예상대로 연설은 길어지고 있었다. 제한 시간을 넘기자 사회를 보던 사르트르가 땡땡 탁상 벨을 울렸다. 그럼에도 연설이 계

---

* 헤겔은 이것을 '민족사(Völker-geschichte)'라 불렀다.

속되자 잠시 후 마이크를 꺼버렸다. 그 모든 것은 사전에 경고한 대로였다. 마무리를 제대로 짓지 못한 헤겔이 연단을 내려오며 투덜거렸다.

"말이 끝나지도 않았는데 마이크를 꺼버리다니…."

사르트르는 주변을 둘러보며 말했다.

"누구에게나 기회는 동등해야 해요. 그러려면 처음에 정한 규칙을 지키는 수밖에 없어요."

헤겔은 평소 독일인답게 시간 엄수를 잘하는 인물이었으나 강의나 대화를 할 때는 달랐다. 한번 말이 시작되면 자신도 주체할 수 없을 정도로 길게 말하곤 했다.

두 번째 연설자는 마르크스였다. 그는 참된 진리는 이성과 같은 추상적인 개념이 아니라 노동에 의해 구체적으로 실현되어 가는 것임을 강조했다. 그것은 평소 그의 지론이었다. 그는 누구나 정직하게 노동을 한 만큼 돈을 벌 수 있도록 하되, 여분의 마을 기금을 조성하여 필요한 만큼 배분 받을 수 있는 평등한 마을 공동체를 만들겠다고 발표했다. 그러나 마을 기금의 조성 방법에 대해서는 구체적 안을 제시하지 않았다. 다만 자신이 마을 기자로서 마을 사정을 샅샅이 알고 있으므로 한 푼의 예산도 허투루 집행되는 일은 없을 거라고 강조했다. 그는 평소 마을의 부유층에 대해 적대감을 드러내곤 했으나 이날의 연설에서 그런 내용은 드러나지 않았다. 일단 다수의 표를 받아 시장이 되는 일이 중요하다고 생각한 듯했다.

세 번째 후보인 하버마스는 마을의 환경 지킴이로서 환경 문제에 대부분의 분량을 할애했다. 그는 최근 마을에서 이루어지는 대부분의 공사가 연관성이나 계획성이 없어 거의 난개발에 가까운 형태로 진행되고 있음을 지적했다. 저마다 자신의 이익을 위해서만 하는 개발은 결국 전체의 손해로 돌아올 것이라는 주장이었다. 그는 마을의 GDP는 돈으로만 측정되어서는 안 되며 삶의 총체적 질을 모두 따져보는 지표가 되어야 한다는 주장도 했다. 이를 위해 자신이 시장이 되면 마을 사람들이 사계절의 변화를 확연히 느낄 수 있도록 하겠다고 주장했다. 사실 '인간과 자연의 화해'는 그가 몸담은 프랑크푸르트 학파*의 오랜 슬로건이자 목표였다. 이 학파의 적자이자 막내 격인 그는 여전히 이 목표를 위해 충실하게 복무하는 상태였다.

---

* 1930년대 이후에 프랑크푸르트의 사회연구소를 무대로 활약한 철학자들의 그룹. 호르크하이머, 아도르노, 마르쿠제, 프롬, 하버마스 등이 중심 인물이다. 마르크스주의적 성격을 띤 근대 문명 비판을 특색으로 하며 그 업적은 다방면에 미치고 있다.

3

하버마스의 연설이 거의 끝나갈 즈음 광장의 한쪽에서 소란이 일었다. 조세핀이 주최 측 인사들과 실랑이를 벌이고 있었다.

"나도 엄연한 후보라구요!"

"그렇지만 당신은 후보 등록 자격이 없지 않소. 마을 시장이 되려면 우리 마을에 최소 5년 이상은 거주해야 한다구요."

"이걸 먼저 보시고 말씀하세요."

조세핀이 내민 서류에는 놀랍게도 그녀가 5년 전부터 이 마을에 거주한 것으로 기록되어 있었다. 그렇다. 그녀는 이미 5년 전에 주소지를 이 마을로 옮겨 왔던 것이다. 다만 그녀는 실제로 마을에 거주하지는 않았으며 가끔씩 방문하여 거주의 요건을 갖추었던 것인데, 사람들은 그녀가 단지 관광차 온 것이라 여겼던 것이다. 그렇다면 그녀는 이번 마을 시장 선거를 위해 이미 5년 전부터 준비했다는 이야기가 된다. 순진한 마을 사람들은 그러한 행위의 의미조차 알아채지 못한 채 이 사태를 흥미롭게 지켜보고 있었다.

마침내 조세핀이 연단에 올라 연설을 시작했다. 그녀의 연설은 그녀의 외모처럼 한결같이 달콤하고 매력적이어서 많은 사람들은 이내 그녀에게 사로잡히고 말았다. 마을의 미래에 대한 그녀의 대안은 앞서 연설한 사람들과는 달랐다. 무엇보다 마을의 발전을 위해 외부로부터 막대한 자원을 끌어들일 수 있다는 그녀의 자신감은 평소에 그녀를 지켜봐 온 사람들에게 상당한 믿음을 주었다.

마을과 주변을 포괄하는 발전 계획은 오래전부터 상당히 치밀하게 준비되어 온 듯했다. 이로 인해 일부 사람들은 벌써부터 꿈에 들뜨는 모습을 보였다. 그렇지만 그녀는 베드타운 등 계획의 핵심적인 부분은 발설하지 않고 있었다. 계획의 전모가 드러났을 때 어떤 반응이 생겨날지 여전히 확신하지 못하는 듯했다.

길 건너 자신의 카페에서 이 광경을 지켜보는 니체 역시 내색은 하지 않았지만 일찍부터 그녀의 매력에 빠진 사람들 중 한 사람이었다. 물론 니체는 그녀의 아리송한 계획을 액면 그대로 믿을 정도로 순진하지는 않았다. 그러나 그녀에게는 날것 그대로의 원초적 매력이 있었다. 좌고우면하지 않고 자신의 목표를 향해 직진하는 그녀의 모습은 건강하던 시절 자신의 모습을 보는 듯하다고 니체는 생각했다.

모모는 그녀의 연설을 들으면 자신의 생각이 어느 정도 확고해질 것이라 기대했으나 그렇게 되지는 않았다. 오히려 그녀의 연설로 인해 마을의 여론은 물론 자신의 마음마저도 두 갈래로 나뉘는 듯했다. 그날 광장의 사람들은 그녀의 비전에 환호하는 사람들과 그녀의 연설을 혹세무민하려는 수작쯤으로 여기고 의혹과 실망감을 표하는 사람들로 크게 엇갈리고 있었다.

조세핀,
안색이 바뀌다

선거 유세 다음 날, 조세핀의 호텔 방은 분주했다. 조세핀을 지원하는 외부 세력 중 상당히 높은 지위의 고위급 인사가 방문했던 것이다. 그는 사람들 눈에 띄지 않으려 호텔의 후문 쪽으로 들어와 전용 엘리베이터를 이용했다. 회의실에서 그들은 전일 조세핀의 유세에 대해 긍정적인 평가를 내린 후 향후 행보에 대한 구체적인 계획을 수립하고 있었다.

조세핀이 말했다.

"일단 내가 시장이 될 수 있다면 우리 계획이 성공할 가능성은 커지죠. 게다가 외부에서 자금이 유입된다는데 누가 반대하겠어요? 지금의 계획대로만 된다면 미네르바시는 지금보다 좋아질 게 분명해요. 그렇지 않나요?"

조세핀은 고위 인사에게 확답을 받으려는 듯 그쪽을 보며 말했다.

"일단은 좋아지겠지."

머리가 희끗희끗한 고위 인사가 조세핀을 보며 말했다.

"미네르바는 주거 입지로 내세우기에 좋은 점들이 많아. 조용하고 공기도 강물도 맑고. 물론 사업이 시작되면 강의 대부분은 콘크리트로 덮어야겠지만… 현재 상태론 주거로 사용할 수 있는 면적이 다소 좁은 편이거든."

"강을 덮는다구요?"

조세핀이 흠칫 놀라는 표정을 지었다.

"아, 그 얘길 안 했던가? 그 부분이 수익성 측면에서 매우 큰 비중을 차지하고 있거든. 이미 투자자들에게도 보고된 사항이지."

조세핀은 다소 불편한 기색으로 대꾸했다.

"그 밖에 또 얘기 안 한 게 있나요?"

"아마 마을 뒤쪽의 숲도 태반은 사라지게 될걸. 잘하면 하이데거 영감의 집도 사람들 시야에 드러나게 될지도 모르지…."

순간 조세핀의 안색이 살짝 바뀌었으나 눈치챈 사람은 없었다. 고위 인사가 덧붙였다.

"그렇지만 이것들은 당분간 발설해서는 안 된다구. 하버마스가 눈치채기라도 하면 골치 아파질 테니."

니체의 카페를 방문한
조세핀

점심시간이 지난 후 조세핀은 수행원들과 함께 니체의 카페 '영원 회귀'를 방문했다. 음료를 마시고 잠시 담소를 나눈 후 조세핀은 수행원들을 돌려보냈다. 자리에 있던 다른 손님들도 하나둘 돌아가 홀에는 조세핀 혼자만이 남게 되었다. 입구 카운터에는 니체가 무표정한 얼굴로 앉아 한가로운 거리를 내다보고 있었다.

니체는 한때 고전문헌학계의 신동으로 일찌감치 교수가 되었으나 건강이 악화되어 교수직을 사임하고 온천과 휴양지를 떠돌다 이 조그만 마을에 여동생과 함께 정착하게 되었다는 소문이었다. 얼굴이 창백하고 가끔 죽을 듯 고통스러운 고열에 시달리면서도 초인과 영원회귀, 힘에의 의지를 피력한다고 했다. 지금 그 용어들은 너무도 유명하여 그의 트레이드 마크가 되다시피 했다.

조세핀은 이 마을에 여행 올 때면 자신을 바라보던 니체의 맑은 눈빛을 기억하며 생각했다.

'고요한 눈빛 속 어딘가에 그런 불꽃 같은 '힘에의 의지'가 숨어 있다는 걸까?'

조세핀은 니체 쪽을 향해 말했다.

"한가하시다면 잠시 이야기를 나눌 수 있을까요?"

니체는 의아한 표정이었으나 이내 그녀의 테이블로 다가왔다. 조세핀은 그의 수줍고 어색한 행동을 지켜보며 영락없는 숙맥이라 아직 장가를 가지 못하고 있는 것이라 생각했다. 니체가 자리를 잡자 조세핀은 그의 박식함을 시험해 보기 위해 까다로운 질문으로 대화를 시작하리라 짓궂게 마음먹었다.

"소문에 철학을 전공하셨다던데, 가장 먼저 떠오르는 질문을 드려보고 싶군요. 대체 사람이란 왜, 무엇 때문에 사는 걸까요?"

그것은 당돌하면서도 솔직한 질문이었다. 니체는 조세핀다운 질문이라 생각했다.

"삶의 목적이나 이유를 찾는 것은…"

니체는 조심스럽게 답을 이어갔다.

"대개 삶 자체를 수단화하는 일이 되기 때문에 내가 좀처럼 하는 일이 아닌데… 그래도 굳이 찾아야 한다면 어떤 미학성 때문이겠죠."

"아름다움 말인가요?"

조세핀이 되물었다. 그녀는 철학자라는 부류들이 사용하는 어려운 말들을 본능적으로 싫어했다.

"그렇습니다. 아름다움의 추구는 본질적으로 창조적인 행위이므로, 영원히 굴러가는 수레바퀴로서 삶을 수단화하지 않을 유일한 가치에 가깝습니다."

니체는 핵심만을 말하려다 보니 문장을 조리 있게 표현하지 못하고 있었다. 그럼에도 조세핀은 어느 정도는 알아듣고 있었다. 니체의 말은 아름다움을 만들어내는 일은 끝이 없다는 뜻 같았다.

"제가 중요시하는 우아함과 비슷하군요. 저는 우아하게 살지 못할 바엔 차라리 죽는 게 낫다고 생각하죠."

그녀는 뽐내듯 말했다. 니체는 좀 생각하더니 난처한 표정으로 되받았다.

"조세핀 양이 생각하시는 우아함이 반드시 제가 생각하는 미학성과 일치하지는 않을 수도 있습니다만."

조세핀은 떨떠름한 표정을 지었다.

"그냥 우아하게 보이면 되지, 뭐가 더 필요한가요?"

니체는 자신을 빤히 쳐다보며 질문하는 조세핀의 얼굴을 마주 보며 '백치미'라는 개념을 생각했다. '백치미도 거부할 수 없는 엄연한

미美로구나'라는 것이 그의 생각이었다.

"우아하다는 개념도 그리 간단한 것은 아니죠. 아무리 우아한 것도 매일 본다면 그렇지 않을 수 있고, 보는 사람에 따라서는 전혀 상반된 생각을 하게 될 수도 있죠."

"그러면 본질적인 우아함이란 없다는 말씀인가요?"

"없지는 않지만 고정된 형태는 없다고 봐야죠. 즉 우아함이란 어딘가에 붙박이로 있는 것이 아니라 영원한 수레바퀴처럼 구르고 있을 뿐이죠. 말하자면 삶의 매 순간 우리 스스로가 참여함으로써 만들어지는 우아함이라는 사건이 있는 것이죠."

"우아함이 매 순간의 사건이라구요?"

"그렇습니다. 우아함이란 매번 룰을 만들어가며 진행하는 게임 같은 것입니다. 그렇기 때문에 누구도 이 게임에서 패배하는 일은 없지요. 이것을 달리 표현하면 우아함은 어떤 독립된 사건으로서 가장 고유한 현상이지 비교하거나 서열을 따지는 게임이 아니라는 뜻이죠. 그런데 외람된 말씀이지만 조세핀 양은 언제나 우아함을 비교하며 서열을 가리고, 때로 승자와 패자를 구분하고 있는 듯 보입니다. 그런 태도는 참된 우아함을 대하는 태도라 볼 수 없습니다."

"참된 우아함이란 게 뭔지 좀 쉽게 말씀해 주실 수 있나요?"

"참된 우아함이란 사물의 고정된 외양이 아니라 내면의 변화할 수 있는 역량을 지칭하는 것입니다. 고정된 것, 일반화된 것은 결코 우아할 수 없습니다. 왜냐하면 나에게 어떤 신선한 충격도 감동도 줄 수 없기 때문입니다. 다시 말해 스스로 변화할 수 있는 역량을 갖는 것, 즉 내면으로부터 변화할 수 있는 역량을 갖는 것이야말로 우아함, 즉 미학성의 가장 중요한 징표라 말할 수 있겠죠."

"만일 그런 것이라면 우리는 어떻게 한 인간을 우아하다 또는 아니다로 구분할 수 있죠?"

이 질문에 니체는 그녀를 빤히 쳐다보았다.

"또 다시 우아함을 비교하고 서열화하는 기존의 게임으로 돌아가려 하시는군요."

조세핀은 한 대 맞은 기분이었다. 역시 철학 하는 족속들은 나와는 다른 세계에 사는구나 싶었다. 그러나 마음 한편에서는 지금 자신이 찾는 것이 이런 종류의 충격이 아니었을까 하는 생각도 들었다. 그녀는 호텔 방에서의 대화로 인해 기분이 상해 있었으며 모종의 기분 전환이 필요했던 것이다.

니체는 조세핀의 안색을 살피며 말했다.

"제 말이 기분 나쁘셨다면 죄송합니다."

"아, 아니에요. 저에게 꼭 필요한 유익한 말씀이었어요. 저도 어디 가서 지금 들은 얘기를 좀 활용해도 되겠지요? 그렇게 된다면 제가 지금보다 더 우아하게 보일 것 같군요."

카뮈가 보는 드라마
- 복선 그리고 반전

1

모모는 조세핀 양을 만나러 호텔 쪽으로 걸어가고 있었다. 그때 누군가 그의 어깨를 툭 쳤다. 돌아보니 카뮈 씨였다. 연극 연출가인 그는 최근 새로운 연극을 무대에 올리기 위해 연습에 열을 올리고 있었다.

"연극 연습은 잘돼가세요?"

"물론이지."

모모는 카뮈 씨의 얼굴을 보자 또 질문거리가 생겼다. 어떤 질문이든 거리낌 없이 할 수 있다는 것이 철학자 마을에 살아가는 사람에게는 일종의 특권 같은 것이었다.

"전에 들뢰즈 씨는 드라마화가 인식의 본질적 과정이라고 설명해주셨는데, 저는 여전히 잘 이해가 안 돼서요. 드라마란 게 대체 뭔가요?"

"쉽지 않은 질문이구나. 드라마란 것은…"

카뮈 씨는 잠시 생각하는 듯했다.

"어떤 대상을 드라마틱하게 드러내는 예술의 한 장르이지. 그리고 드라마틱하게 드러낸다는 것은 어떤 기승전결의 순서에 따라 이루어지는데 그중에서도 가장 본질적인 것은 반전反轉이라 할 수 있겠지. 왜냐하면 반전이 없으면 드라마는 김 빠진 맥주가 되어버리거든."

여기서 예상대로 모모의 질문이 이어졌다.

"그렇군요. 그렇다면 반전이란 무엇이죠?"

이 대목에서 카뮈 씨는 다시 짧은 생각에 잠겼다가 답변을 시작했다.

"반전이란 전격적인 복선의 회수지. 복선이란 반전이 시작되기 이전에 극의 곳곳에 깔아놓은 어떤 암시 또는 전조 같은 것이지. 이것이 남김없이 회수될 때 관객은 가슴의 후련함, 즉 카타르시스를 느끼게 되지. 아마 들뢰즈 씨가 드라마화를 언급한 것은 인식의 과정을 '복선의 설치와 회수'의 과정에 비유하려 했기 때문이 아닌가 싶구나."

"그렇지만 인식이란 원래 진리를 발견하는 일 아니었나요?"

"19세기까지는 확실히 그랬지. 그러나 현대 존재론에서 진리는 어딘가에 고정되어 있는 것이 아니라 매번의 사건 속에서 드러나는 것이지. 들뢰즈 씨는 '복선을 깔고 그것을 회수하는 반전'이라는 한 번의 사이클을 하나의 사건으로 본 듯하구나."

"그렇다면 그런 일이 인식의 주관, 그러니까 나에 대해 갖는 의미는 뭐죠?"

"존재론에서는 매사에서 의미를 찾으려는 사고방식을 위험한 것으로 보고 있지만 굳이 대답해 준다면 '자아의 성숙'이라 봐야겠지. 복선의 설치와 반전의 사이클이 삶 속에서 거듭되는 동안 나는 성장하게 되지."

모모는 그의 말이 어렵게 느껴졌지만 인식이란 어떤 일관된 논리적 체계가 아니라 매번의 독립된 사건이라는 말은 이해할 것 같았다.

"그렇다면 반전의 본질은 뭐죠? 왜 반전은 드라마에서 중심적인 자리를 차지하는 걸까요? 단순히 관객들의 인격적 성숙을 위해서인가요?"

카뮈는 모모를 대견한 듯 바라보다 다시 답변을 이어갔다.

"반전이란 극의 흐름을 바꾸는 계기로 한 경계에서 다른 경계로 넘어가는 변곡점 같은 것이지. 나는 모든 반전의 원형이 삶과 죽음의 대조로부터 나타나는 반전이라고 본단다. 즉 삶에서 죽음으로의 이행, 그리고 죽음에서 삶으로의 이행이 현실 속 크고 작은 모든 반전의 원형으로 사건들의 배후에 자리 잡고 있다는 것이지. 그러한 삶과 죽음의 반전이 매번의 사건 속에서 구체적인 반전으로 되풀이되는 것을 니체는 '영원회귀'라 불렀어. 그리고 영원회귀를 가능하게 하는 것은 삶과 죽음의 대조*에서 생겨나는 힘이라고 보았기 때문에 그것에 '힘에의 의지'라는 이름을 붙였지. 이것은 흔히 '죽을힘을 다한다'는 말로도 표현되곤 하지. 이런… 내 말이 좀 어려워진 것 같구나?"

카뮈 씨는 계면쩍게 웃었다. 영원회귀와 힘에의 의지는 몹시 어려운 내용이었으나 카뮈 씨는 드라마와 반전을 중심으로 그것들을 한꺼번에 설명하고 있었다. 니체의 이 두 개념은 사상가에 따라 그 깊이와 맥락을 달리하며 매번 다르게 나타나는 것 같아 모모는 약간 혼란스러운 기분이 되었다. 그러나 오늘 카뮈 씨에게 질문한 것은 정말 잘한 일이라는 생각이 들었다.

대화를 나누는 동안 전면에 5층의 호텔 건물이 나타났다. 모모는 카뮈 씨와 이별하고 호텔 로비로 들어섰다.

---

* 들뢰즈의 표현으로는 '차이'.

2

조세핀과 모모는 호텔 로비의 카페에 마주 앉았다. 사람들이 분주하게 오가고 있었으나 호텔은 대개 외부 관광객이 이용하는 공간이었으므로 아는 얼굴은 거의 없었다. 이 자리에서 모모는 선거를 위한 지원 연설은 할 뜻이 없음을 분명히 밝혔다. 그는 조세핀이 실망할 것으로 예상했지만 그녀는 의외로 모모의 거절을 덤덤하게 받아들이고 있었다.

'그동안 무슨 심경의 변화라도 있었던 걸까?'

모모는 의아하게 생각했지만 한편으론 적이 안심이 되었다. 조세핀은 그의 말을 받아들였을 뿐 아니라 달리 설득하려 하지도 않았고 저번처럼 사업에 대한 열의도 그다지 드러내 보이지 않았다. 그녀는 수척해진 얼굴로 한곳을 쳐다보곤 했다. 며칠 새 눈빛이 더욱 깊어진 느낌이었다. 조세핀에게 더 할 말이 없어진 모모는 자리에서 벗어나 홀가분한 마음으로 호텔 문을 빠져나왔다.

이성의 미래에 대한 논쟁,
들뢰즈 vs. 하버마스

선거일을 앞두고 마을 사람들은 카페, 술집 등에 삼삼오오 모여 후보들의 인물평을 하거나 유세장에서 그들이 주장한 내용들에 대해 토론하곤 했다. 이것은 전에 없던 일이었다. 아무래도 인근 마을에 들어서는 대규모 국가 산업 단지가 사람들에게 변화에 대한 막연한 기대감 또는 두려움을 주는 듯했다.

들뢰즈가 일하는 카페에서는 오랜만에 고향으로 돌아온 막스 베버* 선생과 하버마스가 대화를 나누고 있었다. 마침 한산한 시간이라 들뢰즈도 동석하게 되었다. 베버는 본래 이 마을 사람이었으나 지금은 타지의 대학에서 교수로 재직하고 있었다. 화제는 자연스럽게 시장 선거와 마을의 발전으로 흘러가고 있었다.

---

* Max C. E. Weber(1864~1920): 독일의 사회학자이자 철학자. 현대 사회학의 성립에 큰 영향을 끼쳤다.

막스 베버가 다음과 같이 입을 열었다.

"마을의 문제를 너무 이성적으로 해결하려는 것은 곤란해요. 이성은 높은 효율을 가져다주지만 너무 과신하면 그것의 노예가 되고 말죠. 아마 이성적 셈법에 마을의 발전을 맡겼다간 언젠가 사람들 모두가 철창iron cage에 갇힌 앵무새 신세*가 되고 말걸요."

하버마스가 대답했다. 아니, 대답이라기보다는 반박에 가까웠다.

"그것은 이성을 효율성이나 객관적 인식 방법론 같은 좁은 테두리로만 이해할 때의 얘기죠. 이미 칸트는 이성을 사물에 대한 인식뿐 아니라 윤리적 실천, 심미적 활동에도 적용할 수 있다고 언급한 바 있습니다. 심지어 이성은 지금도 그 적용 범위를 계속 넓혀가고 있습니다. 설령 이성이 어떤 한계나 부작용을 드러내더라도 그 점을 고치고 보완해서 계속 사용하면 됩니다."

그 점에 대해 옆에서 듣고 있던 들뢰즈가 재반박했다.

"이성의 근본적인 한계는 삶을 통째로, 하나의 이야기로 이해하려는 폭력적인 경향입니다. 삶은 독립된 사건들의 총체이며 이를 꿰뚫는 원리나 이론이 있길 기대하는 것은 꿈이나 환상에 불과합니다. 따라서 이성은 매번 허망한 이데올로기로 전락할 뿐입니다."

---

* 막스 베버는 그의 저작 『프로테스탄트 윤리와 자본주의 정신Die Protestantische Ethik und der Geist des Kapitalismus』의 마지막 장에서 합리주의에 바탕을 둔 현대 관료 제도의 미래의 모습을 '강철로 만든 새장(iron cage)'이라 표현했다.

이성을 둘러싼 들뢰즈와 하버마스의 의견 차이는 해묵은 것이었다.

하버마스가 다시 대꾸했다.

"그렇다고 삶의 전체최적*을 찾으려는 노력을 완전히 포기할 수는 없지요. 매번 대증적**으로 문제와 해법을 찾는 경험주의적 방법으로는 거시적인 발전을 기대할 수 없어요."

들뢰즈는 다시 반박했다.

"지금 말씀하신 거시적인 발전이라는 것 또한 하나의 환상입니다. 우리가 재현적으로 그려내는 이데올로기의 신화일 뿐이죠. 그런 것은 인정할 수 없습니다."

하버마스는 커피 한 모금을 꿀꺽 삼킨 후 전열을 가다듬어 다시 차분한 톤으로 반격에 나섰다.

"들뢰즈 선생, 철학이 객관적 진리 찾기를 포기해 가는 오늘날의 트렌드 속에서 인간이란 온갖 잡다한 사상의 폭풍이 몰아치는 바다에서 조각배 하나만을 의지하고 있는 신세나 마찬가지예요. 바로 이 조각배가 이성이란 말입니다. 비록 연약하고 폭풍을 이길 수 없어 보여도 우리에게 남은 것이라곤 이 조각배뿐이라구요. 죽으나 사나

---

* 부분이 아니라 전체의 관점에서 최선의 해법이 되는 것.
** 對症的. 근본적이지 않고 겉으로 드러나는 현상에만 조치를 취하는 것.

우리는 이 조각배에 몸을 맡기는 수밖에 없습니다."

하버마스는 이성주의자답지 않게 약간 감상적인 비유마저 동원하고 있었다. 끝까지 이성에 대한 집착을 놓지 않으려는 기세였다. 이에 대한 들뢰즈의 반박이 이어졌다.

"그렇지만 다양한 담론들은 저마다 다른 이성을 요구하지요. 가령 과학과 예술이 요구하는 이성은 다른 것입니다. 이성주의자들은 이 차이를 무시하려 들지요. 그들은 저마다의 단편적인 이성은 이성이 아니라고 말합니다. 맞습니다. 그것은 이성이 아니라 차이입니다. 제 말은 바로 이 차이에 대한 긍정이야말로 주체를 성숙시키는 것이고 발전이나 효율은 그 후의 일이라는 겁니다."

들뢰즈의 날카로운 응수였다. 오늘도 그들의 대화가 타협점에 이르기는 힘든 것으로 보였다. 해가 어둑한 시점에 이르자 그들은 마침내 이성 따위를 논하는 거대 담론에서 벗어나 일상적이고 소소한 일들을 안주 삼아 술자리로 전환하고 있었다. 제3자에게 그러한 분위기의 전환은 '개별 사건 속으로'를 주장하는 들뢰즈의 승리로 보일 수도 있었다. 그러나 실제의 삶은 외관상의 승리니, 패배 따위도 무화시키는 것으로 그들의 논의 너머에 존재하는 것인지도 몰랐다.

쇼펜하우어의
헤겔 비판

1

그 시간 니체의 카페에서는 쇼펜하우어가 친구들과 한담을 즐기고 있었다. 독신의 공원 관리인인 쇼펜하우어는 헤겔을 지지리 싫어했다. 헤겔의 외모, 목소리, 말투, 태도 등 그의 모든 것을 싫어했다. 한때 마을에서는 헤겔의 말투와 약간 거드름 피우는 태도가 유행한 적이 있었다. 당시 헤겔의 사상은 철학계로부터 최고로 추앙받고 있었기 때문이다. 그때도 쇼펜하우어만은 그 사실을 인정하려 하지 않았다. 그 무렵 그의 앞에서 헤겔의 흉내라도 낼라치면 사나운 표정으로 달려들곤 했다. 지금은 그 정도는 아니지만 여전히 헤겔이라면 지긋지긋하다는 표정을 짓곤 했다.

"이번 연설회에서 그 대머리의 허세 가득한 연설을 잘들 들었겠지?"

쇼펜하우어는 이렇게 말을 꺼냈다. 그 대머리란 헤겔을 뜻하는 것이었다.* 그러자 한 친구가 반발했다.

"아무리 그래도 대철학자에게 말버릇이 그게 뭔가?"

"흥, 그를 어떻게 부르든 그건 내 맘일세."

지독한 독설가이자 논쟁가인 쇼펜하우어는 상관없다는 듯 태연하게 말했다.

그때 다른 친구가 자신의 지식을 뽐내듯 끼어들며 말했다.

"헤겔의 변증법이 운동을 설명하는 방법론으로서는 훌륭하지만, 그것은 언제나 결과를 미리 예견하고 있으므로** 사실상 운동하지 않는 것이나 마찬가지야. 본성의 변화를 수반하지 않는 운동은 거짓된 운동일 뿐이거든. 원생동물에게도 발이 있지만 그 발이 모양만 그럴싸한 위족僞足인 것처럼."

일견 멋진 말로 들렸지만 사실 그 말은 들뢰즈가 즐겨하는 표현이었다.*** 들뢰즈 또한 헤겔의 비판자로 유명했다. 그러나 그의 비판은 어디까지나 논리적인 측면에 국한되었다.

쇼펜하우어가 대꾸했다.

---

* "헤겔은 대머리에 무미건조한, 구역질 나는, 무식한 허풍쟁이다. 그는 지랄 같고 얼 빠는 넌센스를 갈겨놓고 그것을 이리저리 퍼뜨리는 데 용맹스럽기가 이를 데 없는 인간이다."
쇼펜하우어, 「자연에서의 의지에 관하여Ueber den Willen in der Natur」, 1836.
** 그는 지금 헤겔 변증법의 소위 '정반합 모델'을 염두에 두고 있다.
*** 질 들뢰즈, 김상환 역, 「차이와 반복」, 민음사, 2004, pp.464~471.

"맞는 말이지. 그따위 방법론이란 일종의 콤플렉스 해소용에 불과해. 남이야 듣건 말건 자기 말을 하고 보겠다는 태도지. 그나저나 저 양반이 시장에서 장사하는 사람이 아니길 다행이지. 저렇게 애매하고 중언부언하는 말투로 일관하다간 금세 재산을 다 털어먹고 말걸."

쇼펜하우어의 아버지는 수완 좋은 상인이었다. 아버지의 영향을 받아서 그런지 그의 말투는 속되긴 했지만 언제나 명확했다.

2

"따지고 보면 헤겔의 변증법은 일종의 반칙이지."

어떻게 하면 헤겔을 비판할까 궁리하는 일로 소일하는 쇼펜하우어가 이번에는 새로운 레퍼토리를 개발한 듯 의기양양하게 말했다.

"왜냐하면 그의 변증법에는 은근슬쩍 시간이 포함되거든. 전통 논리학에서 볼 때 이건 반칙이란 얘기야. 그는 '이것이냐 저것이냐'를 결단해야 할 지점에서 시간을 끌어들임으로써 '이것도, 저것도'라는 식의 어물쩍한 태도를 취하고는 '내가 마침내 대립을 극복하고 종합에 이르렀다'고 사기를 친단 말이지."

그것은 날카로운 비판이었다. 실제로 헤겔 철학에는 시간 또는 역사가 개입되어 있을 뿐 아니라 매우 중요한 기제로 작용하고 있었다. 헤겔은 변화와 운동을 설명하기 위해 변증법을 적용했지만 이것은 기존의 형식논리학과 전혀 다른 것이었다. 즉 그는 무시간성을 전제해야 할 순수한 논리 공간에 슬쩍 시간을 포함시키는 짓을 저질렀다. 그것은 쇼펜하우어의 말대로 반칙이나 다름없는 행위였으나 동시에 그것은 철학사에 대한 헤겔의 크나큰 공헌이기도 했다. 그로 인해 철학은 마침내 살아 움직이는 것들을 취급할 수 있게 되었기 때문이다. 이를테면 헤겔에 의해 인간은 '하나님의 자녀' 따위의 고정된 객체가 아니라 '노동하는 현실의 인간'으로서 사유의 주체가 될 수 있었다.

쇼펜하우어는 자신의 말에 취한 듯 다소 쉰 목소리로 주장을 이어갔다.

"또한 헤겔에게는 불확실성에 직면한 실존의 결단이 결여되어 있어. 모든 사안에 대해 변증법적 종합의 모델을 적용하기 때문에 모든 것이 예측 가능한 모형 속에서 손쉽게 다루어지고 있다구. 그렇기 때문에 그에게 있어 결단은 진정한 결단이 아니라 일상적인 선택 정도로 축소되고 말지. 말하자면 어떤 이에게 '죽느냐 사느냐' 하는 실존적 고뇌가 헤겔에 이르면 '커피냐, 홍차냐' 정도의 문제로 축소되는 것이지."

쇼펜하우어는 대화의 주제가 헤겔이 되면 지나치게 흥분하는 경향이 있었다. 이날도 그는 거의 자기도취 상태로 광분하고 있어서 그의 말을 제대로 알아듣는 친구는 반도 되지 않았다. 어쨌거나 거의 매번 헤겔은 그의 술이었고 안주였다.

공자라는 사나이
- 유교는 종교인가?

1

조세핀과의 만남을 끝내고 마음이 가벼워진 모모는 마을 중심부에서 벗어나고 있었다. 거리 저편에 비단 등 포목을 취급하는 점포들이 보였다. 그중 한 점포의 문 앞에 의자를 내놓고 무심히 걸터앉아 있는 공자의 모습이 보였다. 그는 중국인이었고 제자들을 가르치는 선생이었다고 했다. 한때는 정치에 뜻을 두고 로비 활동을 한 적도 있었으나 뜻대로 되지 않아 은퇴한 후 조용한 이곳으로 왔다는 후문이었다. 중국인치고는 키가 컸고 매사에 온순했으나 솔직 담백한 성격이었다.

모모가 공자에게 인사를 건넸다.
"공자 선생님, 안녕하세요?"

"어서 오렴."

공자는 점포를 찾는 누구라도 진심으로 대했다. 그는 모모에게 자신의 옆에 앉으라고 손짓했다.

모모는 이전부터 공자와 대화할 기회를 기다려왔다. 그는 이 이채로운 인물에게는 평범한 질문으로는 성에 차지 않을 것 같았다. 그래서 다음과 같은 질문으로 포문을 열었다.

"흔히들 세계의 4대 종교 중 하나가 유교라고 하는데 유교도 종교라고 할 수 있나요?"

"글쎄다."

공자는 잠시 생각에 잠겼다. 공자에게도 그리 쉽지 않은 질문이었던 모양이었다.

"종교가 초월성을 기반으로 삼는 것이라면 나는 우리의 평범한 일상도 그것과 똑같이 초월적인 것이 아닐까 생각되는구나. 즉 보기에 따라선 우리의 일상도 종교적 현상 못지않게 신비한 일들로 가득한 것이지. 바람이 불고, 눈이 오고, 싹이 트고 하는 이 현상들이 어떻게 신비하지 않을 수 있지?"

모모는 이전에 일상의 기적을 언급하곤 했던 싯다르타를 떠올렸다.

'싯다르타 씨도 우리의 평범한 일상이 사실은 기적과 다를 것이 없다고 말하곤 했지.'

공자는 모모를 돌아보며 말을 이어갔다.

"사람들은 어떤 특수한 형태의 초월만이 종교적 현상이라 말하지만 내 생각엔 그것은 일상 속에 나타나는 많은 초월의 한 형태일 뿐이야. 마치 정지가 운동의 한 가지 형태인 것처럼 말이다. 가령 물이 위쪽으로 거슬러 흐르면 그것은 기적적인 종교의 영역이고, 아래로 흐르면 아무것도 아닌 것일까? 그렇지 않단다. 물이 거꾸로 흐르는 기적은 그 이전에 물이 아래로 흐르는 일이 무수히 되풀이되어 일상적인 현상이 된 후에야 비로소 기적으로 인식될 수 있는 것이지. 물이 흐르는 현상을 난생처음으로 본 사람은 그것이 거꾸로 흘러도 기적임을 알아챌 수 없어."

그것은 일상과 기적의 구분을 제거하려는 교묘한 화법이었다. 모모는 평소 점잖던 공자가 이처럼 파격적인 비유를 사용하는 것이 놀랍다는 생각이 들었다. 공자는 차분히 말을 이어갔다.

"기적과 일상은 그리 뚜렷이 구분되는 것이 아니야. 실제로 과거에 기적이라 생각되었던 많은 것들이 수없이 되풀이되면서 결국 일상으로 자리 잡았거든. 내 말은 종교만 신비하고 거룩한 것이 아니라 평범한 일상도 그 못지않게 신비하고 거룩하다는 뜻이란다. 사실 예수도 이와 같은 말을 한 적이 있단다. 그는 제자들에게 예루살렘만 거룩한 공간인 것은 아니며, 안식일만 거룩한 시간이 아니라는 말을 한 적이 있지. 예배드리려는 마음만 있다면 모든 곳이 거룩한 시간과 공간이 된다는 뜻이야. 그 말인즉 우리의 삶 속에 딱히 거룩한 시간, 장소를 별도로 지정하지 말고 매사에 신께 제사드리듯 거룩하고 경건하게 살아가는 것이 중요하다는 말이 아니겠니?"

여기까지 말한 공자는 잠시 말을 끊었다가 결론을 말하려는 듯 작은 음성으로 또박또박 말을 이어갔다.

"이것이 바로 유교 정신의 본질이지."

여기까지 말한 공자는 물끄러미 모모를 바라보았다.

"내 말을 이해할 수 있겠니?"

모모는 공자의 화법에 다소 혼란을 느끼기는 했지만 그의 표현 자체는 그리 어려운 것은 아니라고 생각했다.

"네, 어느 정도는 알 것 같아요."

"그렇다면 이젠 내가 네게 묻고 싶구나. 유교는 종교일까, 아닐까?"

공자가 이같이 되물어 오자 모모는 깜짝 놀라 어쩔 줄을 몰랐다. 공자는 조용히 웃으며 그러한 그의 모습을 가만히 바라보고 있었다. 이내 모모는 정신을 수습하고 대답에 나섰다.

"제가 어떤 책에서 '생활의 제사'라는 표현을 본 적이 있는데, 그와 마찬가지로 유교란 일상적 생활이 종교가 되고 제사가 되는 것이라는 말씀을 하신 게 아닌가요?"

그러자 공자가 그의 대답을 거들었다.

"그렇다면 유교는 종교와 생활을 따로 구분하지 않는 것이로구나?"

"네, 그게 선생님 말씀의 핵심인 것 같아요."

모모는 다소 자랑스러운 기분이 되어 대답했다. 그러자 공자 또한 만족스런 표정을 지으며 말했다.

"바로 그거란다. 모모야, 잊지 말거라. 성聖과 속俗을 따로 분리하지 않는 것, 바로 이것이 모든 위대한 종교가 지닌 가르침의 특징이란다."

2

유교에 대한 모모의 궁금증은 이것만이 아니었다. 그는 다시 공자에게 질문했다.

"그렇다면 유교에도 인식론이 있나요?"

그것은 공자와 같은 동양 사상가에게는 어울리지 않는 질문일지도 몰랐다. 그러나 공자는 망설임 없이 대답을 시작했다.

"있고말고. 유교가 세상을 인식하는 방법은 칸트의 종합론 같은 서양의 인식론과는 완전히 다르단다. 일상이 종교이기도 한 유교에서 인식이란 주변의 모든 대상을 정성스럽게 대하는 것, 때로는 하늘처럼 지극하게 섬기는 것을 뜻하지. 본래 인식이란 대상을 경외하고 섬기는 마음이 없으면 불가능한 것이거든."

딱딱한 형식 논리로 무장된 모모에게 이 대목은 좀처럼 이해되지 않았다.

'대상을 정성스럽게 섬기는 것이 인식이라니… 이건 말이 안 돼.'

공자는 계속 말했다.

"인식이란 칸트의 경우처럼 일방적인 흐름*이 아니라 대상과 어떤 관계를 맺는 과정인 것이지. 다윈 씨의 말처럼 인간은 생존을 전제로 언제나 대상과 어떤 관계를 맺어왔고 지금 이 순간도 그렇게 하고 있단다. 즉 인식도 생존을 위한 활동의 일부라 볼 수 있다면 그것은 생존에 가장 유리한 방식으로 대상과 관계를 맺는 행위라 정의할 수 있지. 그리고 칸트의 종합론이란 그 과정의 극히 일부에 대한 얘기일 뿐이란다."

모모는 공자의 말에 감탄하듯 말했다.

"그렇다면 유교의 인식론이란…"

"대상과 관계를 맺되 가장 정성스럽고 예의 바른 관계를 맺는 방식이며 그 핵심을 나는 인仁으로 파악하고 있단다. 그리고 그것을 훗날 유교에서는 성誠(거짓 없는 말의 실행), 경敬(공경함), 예禮(사람이 지켜

---

* 의식 주관이 객관을 구성한다는 '구성주의(constructionism)'를 말한다. 칸트의 종합론은 일종의 구성주의이다.

야 할 도리) 등으로 구분하여 부르고 있지."

그것은 철학을 모든 대상, 아니 유한한 사건에 대한 애도와 예우라 정의했던 보르헤스의 말과도 크게 다른 것 같지 않았다.

"그렇다면 유교에서 인식론은 논리학이나 심리학에서 비롯되는 과학적 설명의 영역이 아니라 어떤 윤리적 실천인 셈이군요."

공자는 이렇게 말하는 모모를 대견한 듯 바라보았다.

"바로 그렇단다. 내면의 윤리가 바로 서면 세상을 올바르게 볼 수 있다는 것, 아니 좀 더 엄밀히 말하자면 세상과 올바른 관계를 맺을 수 있다는 것이 유교적 인식론의 핵심이란다."

모모는 공자의 명쾌한 설명에 내심 감탄을 금할 수 없었다. 그는 평소 동양의 사상은 모호한 구석이 많다고 생각해 왔다. 대화를 마치고 돌아오는 길에 모모는 공자의 통찰에는 서양 철학의 대가들을 가볍게 능가하는 면모가 있다고 생각했다. 그는 지금까지 공자를 과소평가해 왔다는 생각에 부끄러움마저 느끼고 있었다.

하이데거,
숲에서 나오다

1

소나기가 그친 후 모모는 숲속에서 걸어 나오는 하이데거 씨를 보았다. 그는 낡은 재킷을 걸치고 모자를 쓴 작은 노인에 불과했지만 모모의 눈에는 어두운 숲의 심연을 거느리고 나아오는 거인 아틀라스처럼 커 보였다. 하이데거 씨도 칸트 선생님 못지않은 산책광이었으나 주로 그늘진 숲길을 택하곤 하여 사람들의 눈에 자주 띄지 않았다.

"하이데거 씨, 비가 온 지 얼마 되지 않았는데 숲에 들어가셨던 거예요?"

"덕분에 숲의 소리를 들을 수 있었지. 비가 오면 숲은 좀 더 크게 말을 한단다."

"숲이 말을 한다구요?"

"하하하, 그렇다고 볼 수 있지. 우리는 대개 의미를 담고 있어야만 말을 한다고 생각하지만, 그런 생각은 의식 주관의 특권 의식에서 비롯된 것에 불과해. 오히려 무언가를 의미하는 언어는 재현적 언어일 뿐이고 아무런 의미도 담고 있지 않은 소리나 음성이 더 진정한 언어일 수도 있지."

모모는 그의 말을 이해할 수 없었다.
"그 말씀은 언어의 기능이나 정의에 위배되는 것 아닌가요?"
하이데거는 그러한 답변을 예상이라도 한 듯 다시 한번 웃음 지으며 말을 이어갔다.
"하하, 언어로 무언가를 의미해야만 한다는 것은 일종의 강박일 수도 있단다. 오히려 그런 강박에서 벗어난 상태를 더욱 충만한 언어 행위로 볼 수도 있다는 것이지."

하이데거는 잠시 말을 끊었다 다시 이어갔다.
"우리는 언어가 명확하게 의사 전달을 할수록 좋다고 생각하지만, 언어가 특정 메시지나 의미에 너무 밀착하게 되면 그 외의 다른 용법을 상실하게 돼. 왜냐하면 한 단어의 본질적 역량은 다른 어휘와의 구별성, 즉 차이에서 나오는 것이지 그 단어 내부에 있는 것이 아니거든.* 그럼에도 언어가 명확성을 갖는답시고 대상 또는 의미와의 일대일의 명확한 지칭 관계만을 고집한다면, 차이에서 드러날 수 있는 모든 가능성들을 상실하고 단 한 가지 용법으로만 사용이 국한되고 만단다. 아니, 차이가 사라진다면 사실은 그것조차도 성립될 수 없게 되지."

모모는 하이데거의 말을 알아들으려 안간힘을 쓰고 있었다. 하이데거의 말들에는 가장 현대적인 언어 이론들이 집약되어 있었다.

"이런 점에서 본다면 인간의 언어란 언제나 특정한 의미만을 고집하려는 경향성을 지닌 것이라 볼 수 있지. 그러나 그럴수록 언어는 본래의 역량을 상실하게 된단다."

여기까지 힘겹게 따라온 모모가 하이데거의 말을 받았다.

"그렇다면 언어와 그것이 의미하는 대상과의 관계는 너무 밀착되어도, 너무 느슨해도 안 되겠네요?"

"잘 이해했구나. 바로 그러한 애매한 상태야말로 동양에서 말하는 중용의 상태이고 들뢰즈 군이 말하는 반복의 상태라 볼 수 있지. 그리고 그 상태는 고정되어서는 안되고 매번 사건의 전개에 따라 끊임없이 운동하게 되는 상태이겠지."

---

* 스위스의 언어학자 소쉬르(Ferdinand de Saussure, 1857~1913)는 그의 구조언어학에서 어휘들의 의미는 어휘의 내부에 있는 것이 아니라 어휘들 간의 차이에서 발생한다고 주장했다.

모모는 하이데거가 중용과 반복을 동일한 맥락에서 사용하는 것에 다소 놀라움을 금할 수 없었다. 모모는 중용에 대해서도 질문하고 싶었으나 그의 대답을 알아들을 수 없을 것 같아 포기하고 말았다.

여기서 하이데거는 대화의 방향을 살짝 돌렸다.

"최근에 젊은이들은 ASMR[*]이라 해서 무심히 떨어지는 빗소리, 아기의 웃음소리, 지나가는 차 소리 등을 즐겨 듣는다고 하더구나. 아마 그들은 의미에 지나치게 집착하는 '재현적 언어'에 지친 나머지 의미와는 무관한 존재론적 언어에서 치유를 찾고 있는 게 아닌가 생각되는구나."

모모는 지금까지 알고 있었던 언어의 정의에 혼란이 옴을 느끼며 이렇게 질문해 보았다.

"그렇다면 올바른 언어의 사용법은 뭔가요?"

"언어는 이해 가능성과 이해 불가능성의 경계에 머물러 있어야 한단다. 즉 언어 또한 현실과 초월 사이를 반복해서 오가며 운동하는 상태로 있어야 한다는 뜻이지. 그런 의미에서 본다면 시인들이야말로 한 가지 의미에 고착하려는 언어를 일깨워서 부단히 운동하도록

---

[*] Autonomous Sensory Meridian Response, 자율 감각 쾌감 반응. 속삭임이나 책을 넘기는 소리, 편안한 손의 움직임 등 특정 자극에서 심리적 안정감을 느끼는 현상. 또는 이런 감각을 느낄 수 있게 하기 위해 만든 음원이나 영상을 말한다. 학술적으로 증명된 현상은 아니다.

만드는 언어의 목자들인 셈이지. 그들은 언어를 꼬집고 비틀고 떼내고 붙이는 무수한 실험*들을 통해 한시도 잠들 수 없도록 만드는 자들이니까."

이렇게 모모는 하이데거의 시인 예찬론이 단지 소문이 아니라 사실임을 직접 확인하게 되었다.

2

하이데거를 독대하는 것은 모모의 오래된 바람이었다. 그에게는 20세기 존재론의 창시자로 알려진 하이데거를 만나면 꼭 하고 싶은 질문이 있었는데 마침내 지금 그 기회가 온 것이었다.

"하이데거 씨, 존재론이란 무엇이죠? 너무 자주 들으셨을 질문 같기는 하지만…."

당돌한 질문이었고 누구도 한마디로 대답하기는 어려운 질문이었다. 그러나 상대는 하이데거였다.

"존재론이란 우리 인간이 매 순간 생사의 기로에 있음을 환기시키는 학문이라 할 수 있겠지."

이 말에 모모는 햄릿의 한 구절이 떠올랐다.

---

* 중의법, 은유법, 의인법, 제유법, 환유법, 공감각적 표현 등의 표현 방법을 의미한다.

"'죽느냐 사느냐 그것이 문제로다' 같은 건가요?"

하이데거는 그의 말이 약간 엉뚱하면서도 한편으로는 총명함이 느껴져 웃음이 나오려는 것을 참고 말을 이어갔다.

"그래, 네 말이 맞다. 바로 그것이 존재론의 핵심적인 문제의식이지. 말하자면 존재론자란 매 순간의 사소한 행위마저도 죽느냐 사느냐 하는 가장 심각한 사건으로 확대해서 생각하려는 버릇이 있는 사람들인 것이지. 어찌 보면 일종의 과장법이고, 달리 말하자면 일종의 드라마적 기법이기도 해. 그렇지만 사실 우리의 모든 행동이 깊이 따져본다면 어느 정도 생사의 문제와 관련된 것이라고 할 수 있거든. 그러므로 존재론자에게는 꽃이 피는 것도, 봄이 지나가는 것도, 커피를 마시는 것도 사실은 어떤 생존의 문제랄까, 죽음과 관련된 문제가 되는 것이지."

들뢰즈로부터 드라마화에 대한 설명을 들었던 모모에게는 하이데거도 '드라마'라는 표현을 사용한다는 점이 이채롭게 여겨졌다.

"그렇다면 존재론자란 일상 속의 가장 사소한 것들마저도 크게, 무겁게, 충격적인 것으로 받아들이는 사람들이군요?"

"하하하, 네가 잘 말했구나. 그렇지만 더 정확하게 말하자면 사건으로 이루어진 우리의 일상에 더 중요하거나, 더 사소한 일이란 없단다. 존재론의 입장에서 그것은 모두 동일하게 독특한 것일 뿐이지.

그것들은 한결같이 죽음이나 유한성으로 매개되어 있으니까.[*]

하이데거의 설명은 짧았지만 모모는 이를 통해 존재론을 더 잘 이해할 수 있을 것 같았다. 그는 이와 비슷한 설명을 지난번 라마르크의 장례식이 끝나고 돌아가는 길에서도 들었다고 생각했다.

두 사람이 대화를 나누는 동안 하늘은 맑게 개어 있었다. 모모는 하이데거와의 대화로 오랜 숙원이 이루어진 듯 마음이 가벼워졌다. 그는 하이데거가 집으로 쉽게 진입할 수 있는 산책로 끝부분까지 그를 배웅한 후 다시 자신의 집 쪽을 향해 걷기 시작했다.

---

[*] 들뢰즈는 인간이 사물과 세계를 그 독특성 속에서 만나기 위한 방법론으로 '마주침(rencontre)'을 언급했다.

5장

승자와 패자의
갈림길

마지막 지원 연설과
투표

마을 광장에서는 선거 전 마지막 연설회가 성황을 이루고 있었다. 미네르바는 작은 마을이어서 선거 절차도 간단했고 후보자들도 할 말이 그리 많지는 않았다. 오늘의 모임에서는 후보가 자신의 지원 연설자 한 명을 지목하여 지원 연설을 하게 된다. 후보의 연설은 지난번에 했으므로 오늘은 지원 연설만을 진행하고 바로 투표가 시작될 예정이었다.

마르크스에 대한 지원 연설은 사르트르가, 헤겔의 지원 연설은 칸트가, 하버마스는 하이데거가 지원 연설을 하기로 했으며 조세핀의 경우는 마지막까지 지원 연설자를 공개하지 않고 있었다. 사람들 앞에 잘 나서지 않는 스타일인 칸트와 하이데거가 연설을 하게 된 것은 좀 의외였다. 군중 속에 있던 모모는 자신 때문에 조세핀 양의 선거 진행에 차질이 생긴 건 아닌가 싶어 마음이 편치 않았다.

가장 먼저 사르트르가 마르크스의 지원 연설에 나섰다. 그는 한 사회나 공동체의 수준은 그 사회의 상류층이 살아가는 모습이 아니라 가장 빈곤하고 취약한 이들이 어떻게 취급되는지로 판단할 수 있다고 말했다. 왕따, 소외자가 존재하는 사회는 겉으로 평화로워 보여도 역동성과 발전성을 결여한 죽은 사회라는 것이었다. 왜냐하면 한 사회의 소수자야말로 그 사회의 미래를 만들어나갈 집단이기 때문이라는 것이었다. 그는 그 대표적 예로 로마의 변방에서 태어나 인류의 구세주가 된 예수를 꼽았다. 사르트르는 사회의 가장 중요한 임무란 소수자, 차별받는 자를 보살피는 일이며 이 일에는 마르크스가 가장 적격이라는 말로 연설을 맺었다. '말 잘하는 사르트르'라는 평판에 어울리는 깔끔한 연설이었다.

두 번째 연사로 등단한 칸트는 조용한 목소리로 사회는 이성적 판단이 우위를 점할수록 더욱 발전하고 평화로워진다는 점을 역설했다. 그런 의미에서 정신현상학°의 여정을 통해 이성을 끊임없이 고양해 가는 헤겔이야말로 마을을 이끌어 갈 적임자라 주장했다. 한때 헤겔은 칸트를 형이상학을 유폐시킴으로써°° 철학이라는 학문 자체

° 헤겔은 1807년 의식이 정신으로 고양되는 여정을 기술한 주저 『정신현상학Phaenomenologie des Geistes』을 출간했다.
°° 헤겔은 칸트의 '물자체' 개념이 인간의 인식 가능성을 의식 주관의 경계 안에 가두어버렸다고 평가했다.

를 위기에 몰아넣은 장본인이라고 비판하기도 했으나 칸트는 그것을 배신으로 보지 않는 듯했다. 오히려 헤겔이야말로 이성의 지평을 개인의 차원을 넘어 마을, 사회, 국가로 확장한 인물로 보는 듯했다. 사실 헤겔이 이러한 방식을 통해 철학으로 하여금 고고한 강단에서 내려와 세속적 삶 속으로 스며들도록 촉진한 것은 부인할 수 없는 사실이었다. 헤겔 이전까지 대개 강단에서만 맴돌던 철학은 그가 죽은 지 얼마 지나지 않아 포이어바흐°와 마르크스를 거치며 '세계를 변혁하는 운동movement으로서의 철학'으로 변모했던 것이다.

하이데거는 하버마스의 환경 보호 활동을 지지했다. 그는 평소 자연을 떠난 인간이 자연으로 복귀하는 길은 완전히 단절되었다고 말했으나 자연은 여전히 초월의 가능성을 잃지 않고 있다고 파악하고 있었다. 그에 따르면 자연은 인간이 재현의 걸음을 잠시나마 멈출 수 있는 유일한 지점이었다. 그는 하버마스를 이성과 자연의 화해를 위해 힘쓸 수 있는 인물로 지목했다.°° 물론 이 점에 대해서는 세속적 삶에 비관적 태도를 지녔던 하이데거로서는 동의하기 어려웠다. 하이데거에게 오늘날의 자연이란 영영 닿을 수 없는 어떤 이상향 같

° Ludwig Feuerbach(1804~1872): 19세기 독일의 철학자. 헤겔의 제자이지만 인간을 보편적 실체로 이해하려는 헤겔과 달리 인간의 개별성과 물질적 존재 방식을 강조했다.
°° 인간과 자연이 화해해야 한다는 것이 하버마스가 오랜 세월 몸담았던 프랑크푸르트 학파가 내린 최종 결론이었다.

은 것이었다. 그러나 하이데거가 자연과의 화해를 위한 노력마저 거부한 것은 아니었다.

마침내 조세핀의 차례가 왔다. 그녀는 즉석에서 모모를 지목했다. 일부 사람들의 술렁거림이 들려왔다. 누구보다 놀란 사람은 모모였다.

'전에 안 한다고 말씀드렸는데….'

조세핀은 모모에게 다가와 귀에 속삭였다.

"모모야, 앞뒤 생각할 것 없이 지금 네가 생각하는 그대로를 말하면 된단다."

마침내 모모는 쭈빗쭈빗 연단에 올랐다.

마이크 앞에 서서 잠시 생각하던 모모는 천천히 말을 시작했다.

"아직 투표권도 없는 제가 연설을 한다는 것은 어색한 일이지만 선거 규정에 따라 이 자리에서 저의 생각을 말씀드리도록 하겠습니다. 저는 조세핀 양이 이 마을에 대해 가진 비전을 알고 있습니다. 조세핀 양은 이 마을을 인근에 조성되는 산업 단지의 베드타운으로 조성하려는 계획을 가지고 있습니다. 그렇게 한다면 외부의 자금과 물자가 밀려 들어오게 되므로 마을이 지금보다 발전하게 될 수도 있습니다."

여기까지 이르자 사람들은 크게 술렁거렸다. 처음으로 듣는 이야기이기 때문이었다.

"하지만 그렇게 되면 누군가가 이곳의 땅, 강, 거리, 공기, 심지어 사람들까지 정밀하게 측량하고 하루아침에 그들의 의도에 따라 새로운 모습으로 다시 만들어내려 할 것입니다. 우리의 모든 시공간은 효율과 생산성, 가치 창출이라는 그들의 잣대에 따라 측정되고 재배열될 것입니다. 한마디로 지난 수십 년 동안 이곳에 자리 잡아온 무수한 차이들은 돈이라는 동일성의 가치로 재생산되게 될 것입니다."

모모는 주변을 둘러보았다.

"이제 제 생각을 말씀드리겠습니다. 저는 비록 조세핀 양을 위한 지원 연설을 하는 입장이지만 이러한 변화에 찬성할 수 없습니다. 비록 투표권은 없지만 마을 일원으로서, 그리고 마을에서 자라온 한 소년으로서 저는 그 터전이 한 순간에 누군가의 의도로 변경되는 것을 원치 않습니다. 이러한 저의 발언이 지원 연설이라는 취지에 부합하지 않으리라는 것은 잘 알고 있습니다. 이 점에 대해서는 저를 지목해 주신 조세핀 양에게 미안하게 생각합니다."

군중 속에서는 '아' 하는 탄식이 흘러나왔다. 그중 일부는 박수를 치기도 했다.

모모의 연설이 이어지는 동안 조세핀의 얼굴은 창백해져 갔다. 마침내 그녀는 고개를 폭 숙이고 말았다. 평소의 도도하고 여걸스러운 모습은 찾을 길이 없었다. 그녀는 사람들이 술렁이는 동안 수행원들의 도움을 받으며 광장을 빠져나갔다.

마을에서 모모의 영향력은 상당했다. 그가 비록 최근에 불미스런 일에 연관되었다 해도 그의 영향력에 흠집을 낼 정도는 아니었다. 모모의 이러한 영향력은 그가 마을에서 가장 경청하는 인물이라는 사실에서 비롯된 것이었다. 말하기 좋아하는 철학자들에게 언제나 조용히 귀를 기울이는 모모의 존재는 매우 소중했다. 이 점을 모모를 포함하여 당사자들은 정확히 깨닫지 못하고 있었으나 그것은 엄연한 사실이었다.

시간이 갈수록 광장의 술렁임은 배신감의 토로로 변해갔다.

"드디어 저 여자의 정체가 드러났군."

"아무리 취지가 좋다 해도 이 마을에 뿌리를 내리지 않은 이상 그녀는 투기꾼에 불과할 뿐이오."

"그녀가 말한 장밋빛 미래란 허상의 이데올로기에 불과해요. 결국 우리의 삶은 어떤 자들을 위한 수단이 되겠지."

비록 평범한 마을 주민들이라 해도 이곳은 철학자 마을이었다.

선거위원단은 사람들을 진정시키고 이내 투표를 진행시켰다.

길 건너 카페의 2층 창문에서 니체는 이 광경을 내려다보고 있었다. 그는 중얼거렸다.

"철학자들을 설득시켜 한 방향으로 몰고 가기란 벼룩들을 한 방향으로 몰고 가는 일보다 어렵다고들 하지. 처음부터 조세핀이 너무 쉽게 생각한 게야. 그나저나 그녀가 이렇게까지 당돌한 야심을 가진 줄은 몰랐는걸."

그는 돌아가는 그녀의 뒷모습을 바라보다 전날의 대화를 떠올렸다. 그러자 그다지 우아하지 못한 모습으로 퇴장하는 그녀의 뒷모습에 일말의 측은함을 금할 수 없었다.

미네르바를 떠나는
윌리엄 제임스

1

투표가 진행되고 개표 준비를 하는 동안 모모는 혼자 마을 거리를 걷고 있었다. 조세핀과의 일은 복잡하게 되어버렸지만 마을의 큰 행사에서 한몫을 담당한 자신이 대견하게 느껴졌다.

걷다 보니 거리 저편의 주택에서 이삿짐을 꾸리는 윌리엄 제임스가 눈에 띄었다. 그는 지금 철학자 마을을 떠나고 있었다. 모모는 이전부터도 철학자들에 대한 그의 환멸에 찬 반응을 전해 듣곤 했었다.

'결국 떠나시는구나.'

모모는 다가가 말했다.

"제가 도와드릴 일은 없을까요?"

"오, 모모 왔구나. 별로 없단다. 중요한 짐은 이제 거의 빠진 상태라."

제임스는 모모를 보며 머쓱한 미소를 지어 보였다.

"왜 이곳을 떠나시려는 거죠?"

"이곳의 철학자들과 오래 살다 보니 너무 지쳐서 그렇단다."

"그분들이 뭘 잘못했나요?"

"아니, 그런 건 없단다. 그들은 좋은 사람들이지."

"그런데 왜…"

"그들의 본성은 선하지만 너무 쉽게 지적 허영심에 사로잡히는 경향이 있단다. 즉 그들 대부분은 일상생활의 실용성으로부터 너무 멀리 떨어져 있지."

제임스는 철저한 경험주의자이자 실용주의자로 명성이 높았다.

"사실 저들이 늘어놓는 대부분의 이론은 일반인이 감당하기엔 너무 벅찬 얘기란다. 가령 한 사람이 굶고 있다면 그에게 가장 필요한 것은 빵이지 사상은 아니지 않겠니? 그러나 저들 대부분은 어떻게 하든 빵을 구해다 주기보다는 오히려 자신의 사상을 늘어놓아 정신 승리를 하려 들지. 물론 일찍이 예수도 사람은 빵이 아니라 하나님의 말씀으로 산다고 말했지. 그러나 과연 그것은 진리일까? 밀* 또한

---

* John Stuart Mill(1806~1873): 영국의 철학자이자 경제학자. 양보다는 질이 높은 쾌락을 중요시하는 '질적 공리주의'를 주장했다.

배부른 돼지보다는 차라리 배고픈 소크라테스가 되겠다고 했지. 그렇지만 과연 그럴까? 나는 그런 말을 믿지 않는단다. 그들은 아직 배가 덜 고픈 게지."

2

모모는 철학자들의 면면을 떠올려 보았다. 과연 제임스 씨의 말을 완전히 부정하기는 어려울 것 같았다. 제임스 씨는 말을 이어갔다.

"물론 그들의 철학이 사람들에게 감동을 주기도 하고 때로는 정신적인 성숙을 가져올 수 있다고 생각한단다. 그들은 사람들이 결단하고 용기를 갖도록 격려하기도 하지. 그러나 그들과 함께 일상을 살아가는 것은 어려운 일이야."

제임스는 고개를 절레절레 저었다.

"사실은 나뿐 아니라 가족들도 이젠 지쳤단다. 가령 오이디푸스 콤플렉스를 생각해 보렴. 지적으로 훌륭한 개념이긴 하지만 그런 막장 드라마* 같은 개념을 내 가족, 내 자녀들에게 적용한다는 것은 끔찍한 일이야."

---

* 그리스 신화 속 등장인물인 오이디푸스는 친부를 살해하고 친모와 결혼했다. 프로이트의 오이디푸스 콤플렉스는 이것을 모든 인간(남성)에게 해당되는 심리적 사태로 확대 해석했다.

제임스 씨는 철학적 개념을 구체적 현실에 바로 적용하는 것이 얼마나 가혹한 일인지 실례를 들어 설명하고 있었다.

"또한 니체 군의 예를 들어서 미안하긴 하지만, 내가 생각할 때 니체 군의 철학은 우리의 평범한 삶보다는 동물의 왕국을 묘사하는 것에 더욱 가깝다고 느껴져."

그의 말은 사실이었다. 본능을 지성보다 우위에 두고, 신체를 정신보다 중요하게 여기는 니체 씨의 사상에서 동물적인 야생성이 느껴진다고 평가하는 평론가들이 적지 않았다.

"그는 자신의 철학을 통해 현대인에게 동물의 왕국으로 돌아가라고 주장하고 있는 것이나 다름없지. 그러나 그것은 도시 문명에 길들여져 애완견처럼 되어버린 현대인에게 다시 원래의 조상인 늑대의 삶으로 돌아가라고 말하는 것이나 다름없는 것이란다. 다윈 씨네 집에서 키우는 작고 귀여운 말티즈가 야생의 늑대 사이에 섞여서 살아갈 수 있겠니? 어림도 없는 노릇이지."

"말씀을 듣고 보니 그렇긴 하네요."

극단적 경험주의자인 제임스 씨는 일상의 상궤를 벗어나 제한 없이 상상력을 발휘하는 철학자들을 용납하기 어려웠던 모양이었다.

3

모모는 이토록 철학자들을 맹비난하는 그가 생각하는 진리란 어떤 것일지 궁금했다.

"그렇다면 실용주의pragmatism에서 생각하는 진리란 어떤 건가요?"

이 질문에 제임스 씨는 모모를 바라보다 미소 지으며 이렇게 되물었다.

"모모야, 네 질문에 답하기 전에 내가 먼저 질문을 해볼 테니 한번 대답해 보렴. 인간이 살아가는 동안 얻을 수 있는 최고이자 최상의 지혜는 무엇이겠니?"

모모는 그가 자신이 던졌던 질문을 약간 비틀어서 되묻는 것이라 생각했지만 쉽게 답을 떠올리기는 어려웠다. 그가 머뭇거리자 제임스 씨가 말을 이어갔다.

"그것은 인간이 가장 곤궁하고 가장 어려울 때, 즉 스스로 삶의 끈을 놓으려 하는 순간 다시금 살아갈 수 있도록 해주는 '그것' 아닐까?"

묘한 답이었다. 그는 지금 생명의 유지 수단과 진리를 연결하려는 것 같았다.

"그렇다면 '그것'이 뭐죠?"

이 질문에 제임스 씨는 빙긋 웃음을 지어 보였다.

"동양 속담에 '물에 빠진 사람은 지푸라기라도 잡는다'는 말이 있다고 하더구나. 내 말은 바로 그 지푸라기가 진리가 될 수도 있다는 말이지."

"지푸라기가 진리라구요?"

모모가 너무 크게 놀라는 듯하자 제임스 씨는 웃음을 터뜨리며 말을 이어갔다.

"인간이 극도로 다급할 때는 지푸라기도 구명용 튜브가 되기도 하고, 나뭇잎도 칼로 사용되며, 흔한 빗물도 눈물이 될 수 있는 법이지. 아니, 눈물 정도가 아니라 핏물도 될 수 있단다. 즉 지금 우리 앞에 있는 평범한 사물도 상황에 따라, 즉 실용성 여부에 따라 생명을 의탁할 그 무엇이 될 수 있다는 말이지."

모모는 모든 사물에 일률적으로 정해진 본성은 없다는 얘기를 어디서 들은 것 같았다.

4

"모모야, 그렇다면 사물들의 쓰임새를 이처럼 극단적으로 변화시키는 힘은 어디서 나오는 걸까?"

그것은 비교적 쉬운 질문이었다.

"죽음에 직면한 다급함인가요?"

"맞다. 죽음에 직면하면 모든 것은 평소의 본성에서 이탈하게 된단다. 그렇지만 이것들이 어디로 튀게 될지 도무지 알 수 없기 때문에 하이데거 씨는 죽음이란 '무한한 가능성'이라고 말했단다. 평소라면 지푸라기가 튜브가 된다는 생각을 대체 누가 할 수 있겠니?"

모모는 속으로 놀라고 있었다. 제임스씨가 그 어렵다는 하이데거를 이처럼 잘 이해하고 있으리라곤 생각해 본 적이 없었다.

"실용주의에서 진리는 바로 이런 것이란다. 즉 인간으로 하여금 어떻게든 살도록 하는 것, 그것이 진리지. 니체 군은 그것을 '힘에의 의지'라고 부르는 것 같더구나."

모모는 실용주의자인 제임스씨가 자신의 진리를 니체 씨의 용어로 표현하는 것이 어색하게 생각되었지만 전혀 틀린 말은 아닌 것 같았다.

"아무튼 평소에 아무리 멋있고 그럴듯해 보여도 죽음과의 대결에서 아무런 힘도 못 쓰는 것은 결코 진리 축에 들 수 없다는 것이 내 생각이다. 죽음마저 이기고 삶을 살아가도록 만드는 것, 그것이 내가 실용주의자로서 생각하는 진리란다."

제임스 씨의 말을 듣고 나니 그가 말하는 진리는 지금까지 하이데거, 들뢰즈 등 존재론자들에게서 들어온 진리와 크게 다른 것 같지 않았다. 말하자면 과거의 진리란 단순한 발견의 문제였으나, 이들에게 진리란 어떻게든 삶을 지속시켜 주는 것, 또는 구원의 문제인 것 같았다.

여기까지 생각한 모모는 다시 질문을 이어갔다.

"그렇지만 죽음의 고비가 지나면 지푸라기는 그저 지푸라기로 되돌아가는 것 아닌가요?"

제임스는 속으로 깜짝 놀랐다. 지금부터 그가 설명할 부분을 모모가 앞질러 질문했기 때문이었다.

"맞다. 지푸라기는 다시 지푸라기로 회귀하게 되지. 사실은 이것이 회귀의 경험이고 반복의 정신이란다. 그리고 그러한 경험을 통해 우리의 평면적 일상이 요동치면서 어떤 깊이가 생겨나고 인간은 성숙해지게 되지. 즉 삶 속에서 죽음과 한 번씩 조우할 때마다, 다시 말해 죽음의 그림자가 스쳐 지나갈 때마다 인간은 성장하게 되는 거란다. 그러므로 엄밀히 말한다면 이 회귀와 반복의 구조를 통틀어 진리라 할 수 있는 것이지."

5

그 순간 어떤 생각이 번뜩 모모의 머릿속을 스쳐 지나갔다.

"그렇다면 한가롭게 한잔의 커피를 마시는 순간에도 어떤 종류의 죽음의 그림자를 느껴야만 되겠네요. 그래야 인간은 성장할 테니까요."

제임스는 예상치 못한 모모의 영민한 반응에 소름이 돋는 기분이 들었다. 그는 자신도 모르게 다소 흥분되게 반응했다.

"그렇단다. 바로 그것이 반복의 정신이란다! 그리고 바로 그처럼 죽음은 예상치 못한 때에 삶의 한가운데서 자신의 모습을 드러내곤 하지. 그러므로 죽음에 의해 매개된 반복이 없는 성장은 거짓된 것이라고 말할 수 있지. 그것은 그저 그런 척하는 거짓된 운동에 불과해."

문득 모모는 제임스 씨의 말이 니체, 하이데거, 들뢰즈 등 존재론자들의 주장과 크게 다른 것 같지 않다는 생각을 확인해 보고 싶었다.

"지금까지 하신 말씀은 존재론의 주장과 크게 다른 것 같지 않다는 생각이 드는데요?"

"네가 바로 봤구나. 사실 존재론이란 어떤 실천적인 윤리에 관한 학문이고 그것은 실용주의에서 생각하는 실용의 기준과 크게 다르지 않단다."

여기까지 제임스 씨는 열띤 목소리로 말했으나 이내 목소리의 톤을 낮추며 다음과 같이 말했다.

"그렇지만 나는 그들의 윤리성이란 단지 '윤리를 위한 윤리' 차원에 너무 오래 머무르고 있다는 생각이 든단다. 그들은 대개 아주 사소한 윤리적 꼬투리를 문제 삼아 사람들이 기다리다 지칠 때까지 논의를 되풀이하곤 하지. 결국 그들로부터는 어떠한 윤리적 실천도 이루어지지 않을 것 같구나."

그는 들뢰즈 등이 현실적인 사회 문제에 나름대로 적극적으로 참여한다는 사실을 그다지 높게 평가하지 않는 듯했다. 여기까지 말한 제임스는 작별 인사를 고했다.*

"자, 이제 그만 가봐야 할 것 같구나. 철학자들이 싫어서 가긴 하지만 그래도 모모를 계속 볼 수 없다는 점은 매우 아쉽구나."

이 말을 마지막으로 제임스 씨는 길 저편에서 기다리고 있는 이삿짐 트럭 쪽으로 사라졌다.

모모는 철학자의 마을에서 '사유의 초월성'과 '현실적 실용성' 사이에서 균형을 잡아줄 수 있는 중요한 인물이 빠지는 것 같아 허전한 마음을 금할 길 없었다.

---

* 19세기 말 미국 최초의 철학 학파인 실용주의가 등장했을 때, 유럽 철학자들은 실용주의를 다소 무시하는 태도를 보였다. 이에 대응해 실용주의 철학자들은 형이상학 중심의 유럽 철학을 화석화된 구시대의 유물로 여기곤 했다.

선거 결과

그날 저녁 선거 결과가 발표되었다. 신임 시장으로 당선된 이는 하이데거의 지원 연설을 받은 하버마스였다. 그것은 외부 세력의 공세로부터 마을 환경을 지켜내야 한다는 사람들의 의지가 반영된 결과인지도 몰랐다. 하버마스에게는 미네르바시뿐 아니라 인근 마을에도 환경 문제로 연대할 수 있는 조직이나 연대, 친구가 많았는데 그 점도 높게 평가된 듯했다. 하버마스는 기쁨을 감추지 못했다.

마르크스 씨는 담담하게 선거 결과를 수용했다. 그는 마을 유일의 신문사 운영자로서 마을의 주류에서 소외된 것들, 어두운 곳들을 살펴며 자신의 역할을 수행하겠다고 말했다. 그는 언젠가 인간이 돈에 의해 측정되지 않고 자신의 고유성만으로 평가받게 될 날이 오리라 믿고 있었는데, 이 점에 대해서는 사르트르, 들뢰즈를 비롯한 많은 젊은 철학자들이 그의 생각을 지지하고 있었다.

헤겔은 지난번 선거에 이어 두 번째의 참패를 맛본 셈이었다. 그는 이미 흘러간 인물로 여겨지고 있었고 그럴수록 더욱 초조함을 드러내었다. 그날 저녁 선거 운동원들과의 술자리에서 그는 이렇게 외쳤다.

"온갖 잡놈들까지 나를 비난하는 것으로 자신의 이력을 삼으려 하지!"

그는 평소 온순한 사람이었으나 이 단골 레퍼토리가 시작되면 격한 언사를 동원하곤 했다. 그의 선거 운동원 중 한 사람이 맞장구를 쳐주었다.

"두 번이나 낙선하셨으니 얼마나 억울하시겠어요."

그러나 헤겔은 낙선의 효과마저 계산해 둘 정도로 꽤나 교활한 인물이었다.

"아니, 사실 난 그걸로도 이미 충분해. 나를 둘러싼 논란이 커질수록 오히려 오래 기억되겠지. 요즘 철학 한다는 친구치고 내 책을 안 보는 녀석 있으면 나와보라고 해!"

그는 취기가 올라오는 모양이었다. 그는 자리에서 일어서며 큰 소리로 말했다.

"어떤 사람은 나의 철학에 죽음이 없다고, 그래서 결단이 빠져 있다고, 그래서 무미건조하다고 말하지. 그렇지만 어떤 이는 내 철학이야말로 진정 죽음을 담고 있다고, 그러면서도 영원히 되살아나는 불새처럼 삶과 죽음의 경계를 넘나든다고 평가하지.* 죽음을 결여하고 있다면 나는 19세기의 낡은 철학자가 되고, 죽음을 담고 있다고 간주한다면 20세기의 현대 철학자가 되는 셈이지. 그렇다면 나의 진짜 모습은 과연 무엇이란 말인가?"

헤겔은 술잔을 든 채 좌중을 돌아보며 신파조로 질문을 던졌다. 그리고 익살스럽게 다음과 같이 외치며 자리에 털썩 앉았다.

"니들 맘대로 생각하세요!"

좌중은 폭소했다. 어차피 그 질문에 대한 정답은 없었다. 헤겔 사후 그에 대한 해석은 너무나 극단적으로 엇갈렸고 추종자들은 제각각 서로 다른 학파로 자리 잡아 갔던 것이다. 그들은 떠들썩하게 헤겔을 위로하는 술자리 분위기를 이어갔다.

이번 선거로 인해 가장 곤경에 처한 인물은 조세핀이었다. 그녀는 선거에 패배했을 뿐 아니라 내면마저 크게 흔들리고 있었다. 그녀는 지금껏 자신의 삶에 확신을 갖고 살아왔건만 철학자 마을에 발을 들인 이후 조금씩 허물어져 가고 있었다. 그녀는 조금씩이나마 철학자

---

* 1930년대 파리에서 헤겔 강의로 명성이 높았던 코제브(Alexandre Kojève)는 헤겔을 이런 방식으로 평가했다.

들의 삶을 어깨너머로 봤고 그들의 사유를 엿들었다. 그리고 자신도 모르게 삶에 대한 반성적 태도를 갖게 되었다. 그러다 이번 선거의 진행 과정에서 자신이 하는 일이 진정 옳은 일인지 갈피를 잡을 수 없는 지경에 이르고 말았던 것이다.

더욱이 그녀는 성공하면 보수를 지급하겠다는 것을 전제로 그간의 모든 경비를 자신의 비용으로 충당해 왔으므로 지금은 거의 무일푼이 되고 말았다. 이것은 그녀가 깐깐한 겉보기와는 다르게 의외로 허술한 인물임을 보여주는 것이었다. 그녀는 지금 인생의 중대한 기로에 다다라 있었다.

선거가 끝난 후 그녀의 수행원을 비롯한 외부의 인사들은 모두 마을을 떠났으나 그녀는 여전히 호텔에 머물며 카페와 술집 들을 전전하고 있었다. 그녀는 때로 다윈의 박물관, 마을 회관에도 모습을 나타냈다. 일찍이 그녀가 여행차 방문할 때마다 숱하게 찾던 곳이었다. 그러나 지금 그녀는 예전과 같이 사람들의 눈길을 받지 못하고 있었다. 선거 이후 그녀를 보는 사람들의 시선은 달라졌으며 어떤 이는 의도적으로 눈길을 피하거나 무시하고 있었다.

엘리자베트의 결혼

들뢰즈의 카페에 사람들이 모여 웅성거리고 있었다. 그들은 니체의 여동생 엘리자베트에 대한 얘기를 나누고 있었다. 그녀는 오랜 세월 니체를 보살피고 카페를 운영하며 생활해 왔으나 이번에 결혼을 하게 되었다. 문제는 그녀가 남편을 따라 남미 대륙으로 이주하게 되었다는 것이었다.[*] 그렇게 되면 니체는 홀로 남겨지게 될 텐데, 그것은 현재 니체의 건강 상태로 보아 생각하기 어려운 일이었다. 그리고 누군가는 카페도 돌봐야 했다. 지금 사람들은 그 일에 대한 해결 방안을 찾기 위해 몇 시간째 논의하고 있었다.

니체가 그 마을에서 차지하는 비중은 컸다. 그는 키르케고르와 더

---

[*] 니체의 여동생 엘리자베트는 광신적 반유대주의자인 푀르스터(Bernhard Forster)와 결혼한 후 남미 파라과이로 이주했다.

불어 현대 실존 철학의 창시자였다. 그의 사유는 이후 20세기 프랑스 철학을 비롯해 언어철학, 실용주의 등 그와는 결이 다른 사상들에도 지속적으로 영향을 미치고 있었다. 그의 사유는 대담하면서도 섬세했고, 지극히 남성적이면서도 때로는 극도로 여성적이었다. 그는 철학자 마을의 상징과도 같은 존재로 그를 거치지 않고 현대 철학에 입문한다는 것은 거의 불가능했다.

사람들은 니체의 곁에서 그를 그림자처럼 돌봐줄 사람을 찾아야 했으나 좀처럼 결론을 내기 어려워 갑론을박이 이어졌다.

"아무나 하긴 어려운 일이라구. 그는 미학적 성향이 예민한 사람이니까."

"어설픈 지식인보다는 차라리 아무것도 모르는 사람이 나을 수도 있지."

"니체가 마음에 두고 있는 사람이 따로 있는 건 아닐까?"

그때 갑자기 구석 자리에서 또렷한 음성이 들려왔다.

"여러분, 나는 어떤가요?"

아까부터 혼자 커피를 마시고 있던 조세핀의 목소리였다. 사람들은 어안이 벙벙해져서 그녀를 돌아보았다. 조세핀은 자리에서 일어나 천천히 다가왔다. 사람들은 그녀에게서 트레이드 마크와도 같은 짙은 향수 냄새가 사라졌음을 느꼈다.

"내가 니체 선생도 돌보고 카페 운영도 책임지겠다구요."

"그렇지만 당신은…"

"이젠 나도 이 마을의 일원으로 자리 잡을 생각이거든요. 아마 나라면 니체 선생도 그다지 싫어하진 않을걸요."

확실히 그랬다. 그녀는 마을을 왕래하며 뒤에서 음모를 꾸몄고 외부 자본의 앞잡이 역할을 했다. 지금은 마을의 천덕꾸러기처럼 겉돌고 있었으나 그녀를 대놓고 미워하기는 어려웠다. 그녀는 여전히 아름다웠고, 세련미와 동시에 솔직담백한 성품을 가진 독특한 인물이었다. 그렇기에 단조로운 일상을 지속하는 마을에 자극제가 되기에 충분한 면모를 갖추었다고도 볼 수 있었다.

조세핀이 마을에 남게 되리라는 소문은 작은 마을에 삽시간에 퍼져 나갔다. 그녀가 엘리자베트의 자리를 대신해 니체의 카페를 운영하게 되리라는 것이었다. 엘리자베트는 평소 그녀를 탐탁치 않게 여겨왔으나 결혼과 함께 떠나야 할 그녀의 입장에서는 달리 대안이 없는지라 거절하기는 어려웠다.

사실 조세핀은 이미 마을의 여러 곳에서 일자리를 제안받은 상태였다. 다윈은 외부 인맥이 넓은 그녀를 박물관 운영을 위한 큐레이터로 채용하고 싶어했으며, 마르크스는 자신의 신문사의 기자직을 제안했고, 카뮈는 자신의 새로운 연극에 그녀를 투입하고 싶어했다.

그 외에도 몇몇 곳에서 제안이 있었으나 그녀는 카페에서 다양한 철학자 손님을 맞는 편을 선택했다는 것이었다.

니체의 집 앞을
지나다

그 무렵 어느 이른 아침에 모모는 니체의 카페 앞을 지나고 있었다. 옆 편 레테강에서는 물안개가 몽환적으로 피어오르고 있었다. 그때 머리 위쪽에서 자신을 부르는 소리를 들었다.

"모모야."

고개를 드니 카페 2층 테라스에서 니체가 투명한 눈빛으로 자신을 내려다보고 있었다. 병약한 얼굴이었고 산들바람이 그의 머릿결을 스치고 있었다.

"아, 니체 아저씨!"

모모는 반가움에 소리쳤다.

"몸은 괜찮으세요?"

"그럼, 괜찮고말고…. 다만 정오의 태양이 좀 뜨거운 것뿐이야."

그때는 정오가 아니었다. 니체의 정신병은 악화되고 있는 듯했다.

모모는 마음이 아파 왔다.

"모모야, 기억하렴."

"뭘요?"

"사람들은 천 년 후에도 나를 기억할 게다. 내 그림자는 앞으로 천
년 동안 드리우게 되겠지."

모모는 과연 그럴 것이라 생각했다. 그렇지만 한편으로 과거 니체
씨가 가장 자랑스러워하던 저작*이 출간되었을 때 불과 16권밖에
팔리지 않았던 것을 기억해 냈다. 당시 출판사는 인세를 대신해 팔
리지 않던 그의 책 몇 권을 박스에 담아 보내주었었다.

'그래, 어쩌면 니체 씨의 책들은 그분이 돌아가시고 나서 한참 후
에야 날개 돋친 듯 팔릴지도 몰라.'

"모모 너도 나를 오래 기억해 주겠지?"

모모는 슬픈 생각이 들었다.

"그럼요, 아저씨는 좋은 분이에요. 오래 기억하기보다는 오래 같이
있고 싶을 뿐이에요."

---

* 「차라투스트라는 이렇게 말했다」를 말한다. 니체 자신의 비용으로 출간했으나 판매량이 몹시 저조했다.

들뢰즈와의 산책

1

모모는 니체의 카페와 가까운 강변 산책로에서 우연히 들뢰즈와 마주쳤다. 들뢰즈는 괜찮으면 산책이나 함께 하자고 제안했다. 그들은 북쪽으로 뻗은 산책로를 여유롭게 함께 걸었다. 모모는 '차이의 철학자' 들뢰즈와 모처럼 산책을 하게 되어 즐거움을 감출 수 없었다. 시원스럽게 뻗은 나무를 보니 들뢰즈 씨도 마음이 상쾌해지는 듯 보였다. 나무들은 산책로 양옆을 따라 길게 이어지다 어두운 숲 속으로 중첩되며 사라지고 있었다.

지금 들뢰즈가 일하는 카페는 임시 휴업 상태였다. 개천 건너 니체의 카페 '영원회귀' 운영을 조세핀이 맡게 되자, 손님들을 그곳에 뺏길까 두려워한 주인이 대책을 수립하기 위해 일시적으로 가게 문을 닫았기 때문이었다.

길을 따라 걷던 모모는 들뢰즈에게 차이란 무엇인지 질문했다. 들뢰즈로서는 수없이 들어온 질문이었지만 그는 매번의 질문에 신중하면서도 '차이 나는' 답변을 하곤 했다. 그는 눈앞에 길게 뻗어 있는 나무들을 손가락으로 가리키며 말했다.

"모모야, 저 나무들 보이지?"

"네."

"늘어선 나무들은 중첩되면서도 저마다 차이를 내고 있기 때문에 반복하고 있다고 말할 수 있단다. 그것들은 비슷해 보일지 몰라도 살아 있는 생명이므로 시시각각 달라지고 있지."

차이를 내기 때문에 반복한다? 좀처럼 이해하기 어려운 말이었다.

"어렵게 생각할 것 없단다. 차이란 어떤 운동이고, 운동을 해야 반복도 가능하다는 뜻이야. 중요한 것은 차이가 운동이라는 사실을 이해하는 것이지. 그리고 반복하는 운동은 'n승의 역량'을 발휘하면서 창조적인 모습으로 현실화되는 거고."

모모는 대화가 더 어려운 쪽으로 진행되기 전에 질문으로 끊어야겠다고 생각했다.

"줄지어 늘어선 나무가 차이, 즉 운동의 역량을 갖는 것이라면, 반대로 그러한 역량을 갖지 않는다는 건 어떤 모습인가요?"

"음… 그것은 똑같은 모습의 아파트 건물들이 일정한 간격으로 줄지어 서 있는 거대한 아파트 단지 같은 것이겠지. 그것들 간에는 차이가 없으니 한 부분만 보고도 전모를 파악할 수 있어. 그런 것은 완벽하게 재현되어 있다는 것이며 더 이상 발생하거나 변화의 여지가 없다는 것이지. 즉 동일성을 유지하는 것은 정적인 상태이므로 운동을 하는 법이 없어. 반면 줄지어 선 나무들의 차이는 우리가 걷고 있는 동안 거듭해서 돌아오지. 이 끝나지 않는 돌아옴을 우리는 영원회귀라 부를 수 있단다."

친절한 설명이었으나 모모로서는 알 듯 모를 듯한 말이었다.

"그렇지만 대부분의 현대인들의 일상적 삶은 좀 전에 언급한 아파트 단지처럼 표준화되어서 차이가 좀처럼 드러나지 않지."

"영원회귀의 수레바퀴가 멈춘 셈이군요."

"하하, 외형적으로는 분명히 그렇지. 그러나 우리가 지금 가로수 길을 걸으며 나무들로부터 차이를 느끼듯 그들의 삶의 어떤 국면에서는 여전히 수많은 차이들이 우글거리고 있다고 볼 수 있어. 다만 현대인의 바쁘고 고달픈 삶 속에서 그러한 차이들은 대개 무시되고 있지. 그래서 우리는 어제와 같은 오늘, 오늘과 같은 내일을 살고 있다고 여기는 거란다."

"차이를 찾아 특별한 여행이라도 떠나야 할까요?"

"그것도 아주 틀린 말은 아니지. 내가 말한 탈주, 탈영토화라는 것이 바로 그런 맥락에서 나온 것이란다. 이를테면 파랑새를 찾아 떠난 틸틸과 미틸*의 경우가 그런 것이라 할 수 있지."

동화 〈파랑새〉의 내용을 잘 알고 있는 모모는 고개를 갸웃했다.

"그 애들은 고된 여행을 했지만 결국 허탕 치고 집으로 돌아와서야 파랑새를 발견한 것 아니었나요? 헛수고를 한 거잖아요?"

"꼭 그렇게 볼 수는 없단다. 틸틸과 미틸은 여행의 고난을 겪었기 때문에 비로소 파랑새를 알아볼 수 있게 된 것이지. 즉 이 소설의 테마는 진리란 의식이 스스로의 손으로 만들어냄으로써 발견되는 것이라는 나의 지론과 일치한다고 볼 수 있단다."

모모는 들뢰즈 씨가 방금 말한 동일한 내용을 지난번 카페에서의 대화에서 내재성이라는 말로 표현했던 기억이 났다. 그때 들뢰즈 씨는 진리란 일방적으로 발견되는 것이 아니라 고통과 고민에 의해 창조되는 것이라 말했던 것 같았다.

"그러니까 이 작품은 일종의 성장 문학인 셈이지. 파랑새는 어디에도 없는 전설의 새이지만 오직 성장하고 변화하는 사람의 눈에만 보이는 새라는 독특한 설정의 작품이야. 나는 차이를 찾아 떠나는 탈주의 여정이 파랑새를 찾아 떠나는 여행과 크게 다르지 않다고 생각한단다."

들뢰즈는 철학자였지만 대단한 문학 평론가이기도 했다. 모모는

---

* 벨기에의 극작가 모리스 마테를링크(1862~1949)가 1908년에 지은 희곡 〈파랑새 L'Oiseau bleu〉의 주인공 남매.

차이 내기를 틸틸과 미틸의 여행에 비유한 그의 솜씨가 참으로 대단하다고 생각했다. 그의 말은 인간이란 자신의 목표를 달성하기 위해 앞만 보고 달려 나가는 존재이지만 그것의 실현은 언제나 뒤쪽에서 이루어진다는 알쏭달쏭한 교훈 같기도 했다.

2

모모의 질문은 계속되었다.

"아까 말씀하셨던 것 중에 차이가 n승의 역량을 발휘하며 현실화한다는 것은 무슨 뜻이죠?"

"차이가 반복되면서 현실화하는 과정은 논리적이거나 연속적 과정을 통해 이루어지지 않는다는 뜻이지. 논리적 과정이 아니라는 것은 도약적이거나 비약적 과정이라는 뜻이야. 현실화가 비약적으로 이루어지려면 그 중간에 소멸, 죽음과 같은 궁극적인 불확실성이 개입해야 해. 나는 이 지점을 특이점이라 불렀지. '죽을힘을 다한다'는 표현처럼 죽음에 임해서는 폭발적인 힘을 쏟아내는 특이한 상태가 되는 것이거든. 이 힘은 연속적이거나 논리적인 관점으로는 설명할 수 없어. 그래서 나는 진정한 차이의 역량은 덧셈의 역량이 아니라 곱셈의 역량이며, 그것이 반복된다는 것은 n차의 곱셈, 즉 n승의 역량이 되는 것이라 파악했지."

모모는 들뢰즈가 하는 설명을 다 이해할 수는 없었으나 이전보다 훨씬 나아지고 있음을 느낄 수 있었다. 그는 화제를 다른 곳으로 돌렸다.

"니체 씨와 조세핀 양은 앞으로 서로 사랑하게 될까요?"

"하하, 그건 나도 잘 모르겠구나. 사람의 마음은 변덕스러운 것이니까. 니체 씨가 좀 더 건강하면 좋으련만."

들뢰즈 씨는 안타까운 듯 말을 맺지 못했다.

3

그들은 말없이 산책로를 따라 걸었다. 침묵이 이어지자 주변 사물들의 부산스러운 소리가 더욱 크게 들리는 듯했다. 고요한 가운데 사물들이 모든 것을 대신 말해주는 느낌이 들어 그들은 대화해야 한다는 압박감을 느끼지 않았다. 이윽고 모모가 다시 말을 꺼냈다.

"들뢰즈 씨는 철학의 본질을 '개념의 창조'라고 정의하셨죠?"

"그랬지."

"그렇다면 철학에서 가장 중요한 건 개념인가요?"

"그건 아니란다."

"아니라구요?"

모모는 화들짝 놀라는 기색을 보였다. 반면 들뢰즈는 여유로운 표정으로 그를 바라보며 말을 이어갔다.

"이 부분은 많은 사유자들도 흔히 오해하는 부분인데 '개념의 창조'에서 중요한 것은 개념이 아니라 창조란다. 과거에 형이상학을 기반으로 한 철학이 개념을 진리로 여겼다면, 현대 존재론에서 생각하는 진리는 창조라 할 수 있지. 현대 존재론의 관점에서 개념이란 창조의 결과물에 불과한 것이란다."

모모는 개념과 창조가 이처럼 한 쌍을 이루는 것이라곤 생각한 적이 없어 적이 당혹스러웠다. 들뢰즈에 따르면 개념은 발견되는 것이 아니라 창조의 결과물인 셈이었다.

"과거에 생각하던 철학이란 어떤 머리 좋은 사람이 혼자 열심히 공부해서 진리를 발견하는 식이었다면, 현대의 철학이란 관계의 사건을 통해 진리가 만들어지는 것이라 볼 수 있지. 그리고 관계의 사건의 핵심은 바로 차이지. 현대 철학이 관계를 중요시하는 것은 바로 그곳에서 차이가 드러나기 때문이야. 차이는 곧 어떤 운동을 뜻하고. 운동의 결과 개념이라는 동일성이 나타나게 된다는 것을 나는 '개념의 창조'라 불렀던 거란다."

"전에 들뢰즈 씨는 차이에서 동일성이 이루어지는 과정, 그러니까 창조를 통해 개념이 이루어지는 과정을 드라마화라고 하지 않으셨나요?"

모모는 지난번에 들뢰즈가 일하는 카페 앞에서 드라마화에 대해 대화를 나누었으나 그때는 시간이 충분치 않아 제대로 이해할 수 없었다. 그는 이참에 드라마화에 대해 확실히 알아두고 싶었다.

"그랬지. 한 예로 요즘 드라마에서 흔히 다루는 남녀 간의 사랑을 생각해 보자꾸나. 애초에 서로 모르던 남녀가 사랑을 하기 시작했다고 치자. 그 사랑은 어떤 드라마의 진행 과정을 거쳐 구체적인 사랑의 모습으로 자리를 잡아가겠지. 여기서 처음의 상태는 차이이고 사랑이 구체적인 모습으로 확인된 상태는 개념의 상태지. 그 중간은 드라마화의 진행 과정인 것이고."

모모는 사랑을 주제로 했던 수없이 많은 드라마들을 생각해 보았다. 그것들은 저마다 창조적인 형태로 사랑을 개념화하고 있었다. 말하자면 그것들은 사랑이라는 문제에 대한 저마다의 해답인 것이다.

"그렇다면 사랑이라는 개념은 완성되거나 고정된 게 아니군요. 지금도 계속 새로운 드라마에 의해 어떤 개념으로 만들어지고 있으니까요."

"정확하게 말했구나. 사랑뿐 아니라 주변의 모든 사물의 개념이나 의미들은 지금도 만들어져 가고 있을 뿐이란다. 삶이라는 드라마가 계속되는 한 그것들은 거듭 창조되는 것이지. 그러므로 고정되거나 완성된 것은 아무것도 없단다. 소설은 소설이 되어가는 중이고, 부부는 부부가 되어가는 중이고, 책상은 책상이 되어가는 중이고, 친구는 친구가 되어가는 중일 뿐이란다."

들뢰즈는 모모가 알아듣지 못할까 우려가 되었던지 계속 부연하며 상세하게 설명했다. 모모는 들뢰즈의 짐작보다 훨씬 더 잘 알아듣고 있었지만 들뢰즈의 그러한 배려에 대해 늘 고맙게 생각했다.

여기까지 말한 들뢰즈는 갑자기 걸음을 멈추고 모모를 바라보았다. 그리고 뭔가 중요한 얘기를 하려는 듯 나직이 다음과 같이 말했다.

"모모야. 내가 좀 전에 모든 것은 완성되어 고정된 상태가 아니라 계속적으로 되어가고 있을 뿐이라고 말했지?"

"네."

들뢰즈는 장난기 가득한 표정이 되어 이렇게 물었다.

"이러한 상태를 표현하는 철학적 용어가 뭘까?"

모모는 들뢰즈의 말을 어느 정도는 이해할 수 있었으나 이 질문은 쉽지 않다고 생각했다. 그가 고민하는 동안 들뢰즈는 싱글벙글 미소를 지으며 지켜보고 있었다. 잠시 후 모모가 어렵사리 끄집어낸 대답은 지난날 그가 보르헤스와의 문답에서 했던 대답과 같은 것이었다.

"혹시 영원회귀가 아닐까요?"

들뢰즈는 '역시'라는 표정을 지어 보였다.

"모모답구나. 그렇단다. 일찍이 니체 씨가 말했던 영원회귀의 의미는 바로 이것이란다. 물론 나는 그것을 반복이라 불렀지."

"그렇게 말씀해 주시니 저도 기쁜걸요."

"하하하, 모모가 귀동냥을 열심히 하고 다니더니 정말 철학자가 다 됐구나. 영원회귀를 이해했다면 철학적 사유의 중요한 문턱을 넘은 것으로 볼 수 있단다."

모모는 들뢰즈와 산책하며 자유로운 대화로 철학 수업을 하는 이 시간이 매우 소중하게 여겨졌다. 주변의 밝은 풍광이 생각의 폭을 더욱 넓혀주는 듯한 기분마저 들었다. 오래전에 산책하며 철학 수업을 진행하는 '소요학파逍遙學派*'가 있었다는데 그들이 택한 수업 방법이 왜 산책이었는지 이해가 될 것도 같았다.

---

* 아리스토텔레스는 제자들과 산책하면서 강의와 토론을 진행하곤 했는데, 이 때문에 이들은 후일 소요학파라 불리게 되었다.

'싸움닭' 하버마스를 넘어서

모모는 집으로 돌아오는 길에 신임 시장으로 취임하게 될 하버마스를 만났다. 그는 지금 취임 준비로 바쁠 터였다. 그는 사람들과 함께 길을 따라 걸어오다 모모를 보자 활짝 미소를 지었다.

"모모로구나. 어디 갔다 오니?"

"들뢰즈 씨와 산책하고 오는 길이에요."

"유익한 시간이었겠구나."

하버마스도 모모의 철학적 재능에 찬탄하는 사람들 중 한 명이었다. 그는 지난번 시장 선거 유세에서 자신의 생각을 똑 부러지게 표현하는 모모의 모습에 깊은 인상을 받기도 했다. 어쨌거나 모모의 연설은 하버마스 자신에게도 유리하게 작용했을 것이 분명한 터였다. 그는 주변 사람들을 먼저 보내고 모모와 함께 걸었다. 모모는 질문이 많기로 유명한 아이였으나 그는 철학의 대가답게 어떠한 질문이 나오더라도 대답해 주리라 마음먹고 있었다.

아니나 다를까 모모의 질문이 시작되었다.

모모는 하버마스가 현대 존재론, 특히 이성에 회의적 태도를 보이는 프랑스 철학의 홍수 속에서 홀로 이성의 미래를 낙관하는 근거는 무엇인지에 대해 물었다. 사실 그랬다. 대부분의 존재론자들은 반反이성주의에 속했으며 이성의 기능을 '재현하는 활동' 정도로 여기고 있었다.

"그렇지만,"

하버마스는 비교적 단호한 태도로 대답했다.

"그러한 말을 하는 그들의 논법도 결국 이성적 틀을 벗어나지 못하는 것 아닐까? 즉 그들도 이성적으로 자신의 논리를 전개하는 거라고 볼 수 있지. 인간은 어떤 경우에도 이성의 틀을 벗어날 수 없고 벗어나기를 원하지도 않아. 아무리 입으로 반이성을 외쳐도 그들이 사용하는 문장과 화법은 언어의 이성적 질서를 벗어나지 않는다는 것이지."

모모는 그럴듯한 말이라 생각했다.

"언어에 무수한 거짓된 표현이 포함될 수 있다는 건 사실이야. 그러나 거짓말을 숨 쉬듯 하는 사람일지라도 타인으로부터는 거짓보다는 진실을 원하는 법이지. 그것은 언어의 경우도 마찬가지란다. 그것이 아무리 거짓으로 사용된다 해도 언어는 근본적으로 진리를 드러내려는 속성을 가지고 있지."

모모는 그가 지금 자신의 핵심 이론인 '보편 화용론'*을 언급하고
있다고 생각했다.

"인간의 언어 행위는 단지 말하는 것으로 끝나거나 완성되지 않
아. 그것은 듣는 사람이 올바르게 알아들을 때에야 끝나는 것이지.
우리는 발화자의 언어를 어떤 잠재성으로 볼 수 있단다. 그것은 청
취자에게 올바르게 이해되어야 할 어떤 기호나 암호이기 때문이지.
이렇게 본다면 한 번의 언어 행위**는 한 번의 사건이고 한 번의 '개
념의 창조'라 할 수 있지. 왜냐하면 매번의 언어 행위는 비슷해 보일
지 몰라도 미세하나마 어떤 차이가 있기 때문에 명백히 창조 행위라
볼 수 있거든."

모모는 좀 전에 들뢰즈 씨가 개념의 창조란 결과적으로나마 동일
성을 창조해 내는 행위라 설명했던 것을 기억했다. 그렇다면 그 과
정이란 결국 어떤 이성적 상태를 실현하기 위한 행로로 볼 수도 있
는 것 아닐까. 존재론자들은 그러한 행위를 저마다 독립된 사건으로
바라보지만 지금 하버마스는 그 과정을 발화자와 청취자의 관계로
해석하며 그 관계 속에는 공통적으로 진리를 지향하는 특성이 내재

---

* 하버마스는 모든 의사소통은 합리성의 토대 위에서 성립된다고 보고, 의사소통에 내재한 합리성의 구조와 전개 과정
  을 정리하여 '보편 화용론'이라 지칭했다.
** 한 사람이 말하고 상대방이 듣는 행위.

하고 있다고 말하는 것이 아닌가.

모모는 하버마스식의 해석이 논리의 영역인지 신념의 영역인지 분간할 수 없어 혼란스러운 기분이 되었다. 그러한 모모의 생각과는 관계없다는 듯 하버마스는 다음과 같은 말로 자신의 주장을 마무리 짓고 있었다.

"이런 점에서 나는 프랑스 철학의 반이성주의가 단지 반이성주의에 그친다고 생각하지 않는단다. 그들이 즐겨 말하는 우발적 사건 속에도 진리를 향한 지향성, 즉 이성이 내재하고 있음을 확인할 수 있거든. 차이가 동일성을 낳듯, 어떤 맥락에서는 동일성이 차이를 낳기도 한다는 얘기지."

지금 하버마스는 이성과 반이성을 아우르려는 대가다운 풍모를 보여주고 있었다. 젊은 시절 그는 마치 싸움닭처럼 프랑스 철학자들과 격론을 펼치곤 했다. 그러나 이즈음의 그는 오히려 그들과의 접점을 찾아내고 공통점을 수용하는 데 더욱 관심이 있는 것 같았다. 모모는 문득 하버마스를 차기 미네르바의 사장으로 선출한 마을 주민들의 안목을 높게 평가하고 싶어졌다. 오랜 숙적이었던 프랑스 철학자들마저 포용하려는 하버마스야말로, 프랑크푸르트 학파가 주장해 온 자연과 인간의 화해를 더욱 적극적으로 실천하고 마침내 마을을 더욱 환경 친화적인 곳으로 가꾸어갈 최상의 적임자일 수도 있다고 생각되었기 때문이다.

6장

저녁이 내리는
소리

마을 뒷산에서
저녁이 되는 소리를 들으며

1

저녁이었다. 선거가 끝나고 그에 따른 잡음들도 가라앉으면서 마을은 더욱 평화로워진 듯했다. 모모는 해가 지는 광경을 보기 위해 마을 뒷산을 오르고 있었다. 마을 뒤쪽 언덕의 공터에는 플라톤 회관이 있었다. 모모는 그 뒤편의 샛길을 돌아 벼랑 끝에 우뚝 솟아 있는 철학자의 바위에 걸터앉아 마을 위로 서서히 내려앉는 저녁을 지켜보았다. 갑자기 옆의 관목 수풀 속에서 인기척이 들렸다. 신임 도서관장인 보르헤스가 바지를 추스르며 멋쩍은 표정으로 걸어 나오고 있었다.

"사실은 내가 먼저 와서 앉아 있었단다. 그러다 갑자기 소변이 마려워서. 그렇지만 다시 마을로 내려가기도 그렇고 해서….."

그는 계면쩍게 웃어 보였다.

모모는 이 시간에, 이런 곳에서 보르헤스를 만나게 되리라곤 상상도 하지 못했다. 그는 지금 탁자 위의 커피 잔도 잘 보이지 않을 정도로 시력이 약화되어 있었기 때문이다. 그는 완전히 실명하기 전에 흐릿하게나마 마을의 모습을 기억 속에 담아두기 위해 가끔씩 이곳에 올라온다고 설명해 주었다. 모모는 그의 말이 이해되면서 슬픈 기분이 되었다.

'도서관장이 실명이라니⋯ 운명의 아이러니란 게 이런 거구나.'

두 사람은 바위에 나란히 앉아 마을을 내려다보았다. 조용한 철학자 마을에 황혼이 내려앉고 있었다. 모모는 문득 그 광경으로부터 어떤 소리가 들려오는 느낌이 들었다.

'바늘 떨어지는 소리가 천둥소리처럼 들린다는 존재론의 세계란 이런 것일까.'

저녁이 오는 소리는 아이를 부르는 엄마의 외침일 수도, 굴뚝에서 연기 나는 소리일 수도, 나뭇잎이 바람에 쓸리는 스산한 소리일 수도, 멀리서 개 짖는 소리일 수도, 아기의 울음소리일 수도 있다. 그것은 무한한 문학적 은유를 가진 소리의 잠재성이 아닌가. 그것은 개념으로서의 저녁이 새롭게 만들어지기 이전의 무수한 이념의 요소들이 아닌가. 저녁은 세상의 곳곳에서 계속해서 돌아올 것이다. 그것은 기존의 모든 개념을 찢고 나오는 어떤 힘으로 현실화되기를 쉬지 않을 것이다. 저녁의 소리는 없기도 하고 있기도 하다. 이것은 영원한 반복이고 또한 회귀다.

2

문득 모모는 옆에 있는 보르헤스를 위로하고 싶어졌다.

"아마 시력이 더 나빠진다 해도 보르헤스 씨의 삶은 여전히 행복하게 계속될 거예요."

"고맙구나. 모모야. 그렇지만 말이다."

보르헤스는 어둠이 내려앉는 마을의 전경에 시선을 고정시킨 채 말했다.

"난 요즘 왜 꼭 행복하게 살아야 하는지 이유를 알지 못하겠구나. 더구나 반드시 행복하게 살아야 한다고 주장할 만한 자격도 없는 주제에 말이다. 물론 어떤 인간이든 자신은 행복해져야 한다고 주장하는 건 당연한 일이지. 그러나 오히려 그렇기 때문에 인간이 점점 불행해지는 것 아닌가 하는 의심이 드는구나. 왜냐하면 모든 인간이 하나의 태양만을 쳐다보는 수만 그루의 해바라기처럼 행복만을 바라보고 있다는 것은 어떤 재현의 압박, 재현의 폭력에 스스로를 노출하는 것이나 마찬가지이거든. 내가 만일 지구를 정복하려는 외계인이라면 인간을 길들이기 쉽다고 생각하겠지. 인간들이란 한 가지

측면에서 무한히 단순하니까. 즉 행복이라는 당근만 보장해 주면 무엇이든 하려 드는 존재이니까."

보르헤스다운 엉뚱한 생각이었다.

"최근 나는 내가 생각하는 행복이란 게 어떤 내용을 갖는 걸까 조목조목 따져보았지. 솔직히 별것 없더구나. 대부분 과거에 경험한 말초적 쾌락이나 즐거웠던 일들을 되풀이하려는 심보에 지나지 않았어. 그런 것들을 달성하기 위해 앞으로도 살아야 한다고 생각하니 한심하다는 느낌마저 들 정도야."

그럴듯한 말이라 생각하면서도 모모는 이렇게 되물었다.

"그렇다면 불행해지기를 바라며 살아야 할까요?"

"그건 아니지. 내 말은,"

그는 잠시 헛기침으로 호흡을 가다듬었다.

"행복이나 불행 따위를 삶의 어떤 척도나 기준으로 삼아서는 안 된다는 것이란다. 우리의 목표는 단지 운동하는 상태여야 해."

그는 뭔가 중요한 말을 한 듯 숨을 가다듬었다.

"그것을 쉬운 일상적 용어로 한다면 어제와 다른 오늘, 오늘과 다른 내일을 사는 일이지. 여기에 '왜'나 '어떻게'라는 질문은 포함되지 않아. 그렇게 되면 다시 그 지긋지긋한 행복론으로 이어지고 말 테니까. 단지 운동하고 변화하는 것이지 여기에는 이유나 목표 따위는 없어."

보르헤스의 말이 이 대목에 이르자 모모는 이전에 니체 씨가 말한 '구원'이라는 단어를 떠올렸다. 그러나 굳이 지금 말하고 싶진 않았다. 표현이야 어떻든 그 차이가 그리 대수로운 것은 아니라는 생각이 들었기 때문이다. 잠시 침묵하다 보르헤스는 덧붙였다.

"최근에 읽은 건데 동양에서는 이러한 상태를 중용中庸 또는 열반涅槃이라 부르는 것 같더구나."

그 말을 듣자 모모는 이전에 누군가가 열반이란 고정된 것이 아니라 운동하는 상태라 말한 기억이 났다. 어쨌거나 보르헤스의 말은 존재론의 핵심을 짚고 있는 듯했다. 그것은 행복이라는 인간의 궁극적이고도 천편일률적인 갈망에 대해서도 거리를 두고 반성하려는 자세로 나타나고 있었다. 이처럼 존재론의 관점은 거의 매번 새롭게 나타났다. 그간 여러 철학자를 만나서 배우는 동안 모모는 공부에는 진정 끝이 없다는 것을 뼈저리게 느꼈다.

3

이때 문득 모모는 이전에 공자가 했던 말이 떠올랐다.

"배우고 때때로 익히니 이 어찌 즐겁지 않겠는가?"*

---

* 학이시습지 불역열호(學而時習之 不亦說乎), 「학이(學而)」 편, 『논어』.

그 순간 그는 이 구절을 존재론의 결론으로 삼아도 부족함이 없을 것 같다는 생각이 들었다.

그렇다, 바로 공부다. 존재론이 말하는 끝없는 변화와 운동, 그리고 창조란 다름 아닌 공부를 뜻하는 것이다. 열반과 중용의 상태 또한 공부하는 상태일 뿐이다. 공부란 본래 어떤 지식을 소유하는 것이 아니라 스스로 자라고 성장하는 일이다. 그것은 어제와 다른 오늘, 오늘과 다른 내일을 만들어내는 일이다. 매일 공부하고 매일 성장하는 것이 차이와 반복의 핵심적인 정신이고 실천이다. 공자는 이 말에서 공부를 궁극의 즐거움으로 표현하고 있었던 것이다. 물론 보르헤스라면 이 대목에서 즐거움은 빼라고 말할 것이다. 다시 인간을 길들이는 재현으로 돌아가서는 안 된다고 점잖게 충고할 것이다.

어느새 철학자의 마을은 짙은 황혼 속에 그 모습을 감추어가고 있었다. 그들은 바위 위에 걸터앉은 두 마리의 부엉이처럼 어둠이 내리는 소리를 상상하며 그 광경을 조용히 지켜보고 있었다.

지금 우리 신체에서는
– 들뢰즈의 『차이와 반복』 읽기

한 끼의 식사를 할 때마다 신체는 새만금 간척 공정에 버금가는 대형 프로젝트로 홍역을 치른다.

80조 개가 넘는 세포로 이루어진 신체는 즉각 수억 개의 프로젝트 팀과 위원회를 구성해서 밀려드는 음식을 영양분별로 구분하고, 최소 단위로 분쇄한 후 가장 필요한 곳부터 우선순위를 부여한다. 그런 뒤 제각각 통로를 구분해서 내보낸다. 신체 말단까지 쏜살같이 영양분을 전달한 후 에너지원ATP으로 전환하는 일련의 작업을 위해 일사불란하게 대응한다. 이 과정에서 남는 것은 똥과 오줌으로 발라내는 별도의 절차를 진행한다. 이 모든 일은 세포 단위, 혈관과 림프샘의 분자들에 의해 0.1초의 오차도 없이 정연하게 진행되어야 한다. 워낙 미세한 단위여서 0.1초의 오차도 어마어마한 파장을 불러오기 때문이다.

물론 이 과정에서 각각의 세포 내에서도 한바탕 홍역을 치른다. 세포막 내의 수많은 미토콘드리아들에서는 저마다 셀 수 없는 위원회, 팀이 구성되어 전체가 하나처럼 대응하기 위해 조율 작업을 벌인다. 예를 들어 기관에 의해 흡수된 모든 요소들은 똥이 될지 영양소가 될지 정밀하게 판독되어야 하며 똥은 가급적 물똥이 아니라 된 똥으로 만들어져야 하고 쓸개즙에서 분비된 색소와 적절히 배합되어 누런색이 되는 과정을 거쳐야 한다. 수십억 개 단위의 세포가 한 팀이 되어 진행되는 작업 과정에서 단 한 번이라도 착오가 나면 수백만 개, 많으면 수억 개의 세포가 치명적인 영향을 받아 목숨을 잃게 된다. 이들의 구조와 보수를 위해 수만, 수십만 개의 대책 팀이 별도로 구성되고 구조단이 파견되어야 한다.

매번의 식사가 이런 식으로 처리되고 나면 수십조 개의 세포, 기관, 조직 들은 성공을 자축하며 안도의 한숨을 내쉰다. 신체의 곳곳에서 의기양양한 축제를 벌이며 신체 유지를 위한 최소한의 세포와 기관을 남기고 대부분은 다음 프로젝트를 대비해 짧고 달콤한 휴식에 들어간다.

때로 (고혈압 신체에 쏟아져 들어오는 나트륨처럼) 신체와 맞지 않는 음식물이 식도를 타고 들이닥치면 수 초, 수 분 만에 수백, 수천만 개의 비상 대책 위원회, 대응 TF가 조직되어 각 부위, 조직, 기관별로 충격과 영향도를 파악하고 신체에 미치는 피해를 최소화하는 각종 조치를 계획하고 시행한다. 그것은 한없이 정밀하고 체계적인 대응이다. 이 과정에서 분류된 독성 물질들은 최대한 분해하거나 똥, 오줌, 땀을 통해 몸 밖으로 내보내되 그것조차 불가능한 것들은 아랫배 살 등 가장 영향이 적은 곳에 야적한다.

 가끔 대응 불가능한 치명적인 물질들이 밀려 들어오면 신체의 대응은 필사적인 긴급 대응 수준으로 올라간다. 의식이 수면을 취하고 있는 동안에도, 친구들과 농담할 때도, 운전하며 음악을 듣고 흥얼거릴 때도, 때로 승진을 기뻐하며 파티를 벌이는 동안에도 몸 안의 전쟁은 계속된다. 수천만 개의 긴급 대응 팀은 전력을 다해 신체를 지키고 백혈구 등을 동원해 무수히 죽어가며 건강한 몸을 유지하려 한다. 그러나 그 싸움에서 이기지 못하고 자구책도 한계에 이를 경우 마침내 위원회는 절망에 빠진다. 그들은 기진맥진하여 자진 해산하고 몸은 체념의 수순을 밟는다. 각 세포, 하부 단위들은 더 이상의 노력을 포기하며 기관들은 될 대로 되라는 식의 상황으로 치닫는다. 몸의 각 기관에서 수억 개, 때로는 수십억 개 단위의 세포들이 아우성을 치며 도미노처럼 붕괴되기 시작한다. 이러한 신호는 드디어 우리의 의식 세계에 전달되기 시작하며 우리는 신체의 이상 조짐을 느낀다. 우리는 마침내 병원을 방문하여 암 또는 백혈병 진단서를 받아 들게 된다.

들뢰즈의 저서인 『차이와 반복』의 대부분의 내용은 이러한 마이크로micro 세계에서 일어나는 일들을 기술하고 있다.* 그런데 우리는 대개 매크로macro의 논리와 사고, 즉 의식의 관점에서 내용을 읽기 때문에 그 의미가 좀처럼 파악되지 않는다. 우리의 의식이란 이미 이루어진 어떤 지극히 작은 프로세스들의 결과일 뿐이다.** 의식은 스스로 최상의 지혜를 표방하고 있으나 늘 마이크로 세계의 뒷북을 치고 있을 뿐이다. 신체의 세계가 지난 수천만, 수억 년의 진화 과정에서 찾아낸 해답이라면 의식의 세계는 길게 잡아도 수천 년, 수만 년 정도의 짧은(?) 축적만을 지닌다.*** 그래서 니체는 "본능이야말로 최상의 지혜다."라고 말하기도 했다. 말하자면 『차이와 반복』은 이 최상의 지혜를 드러내려는 책이다.

신체는 생존의 최전선에서 생명을 직접적으로 유지해 나가고 있다. 신체의 각 조직과 기관들은 생명이 무엇인지 손으로 만지고, 감각으로 느끼는 존재들이다. 즉 그것들은 생사가 결정되는 곳에서 가까운 곳에 존재하고 있다. 그에 비하면 우리의 의식이란 말하자면 최전선의 후방에 거주하는 주민들의 삶과 같은 것이다.

---

* 프랑스의 철학자 베르그송(Henri-Louis Bergson, 1859~1941)은 우리의 신체가 이러한 마이크로적 흐름에 의해 유지되고 있다는 사실에 착안하여 지속(durée)이라는 개념을 제시했으며, 지속이야말로 시간의 본질이라 주장했다.

** 들뢰즈는 이 프로세스를 규명하는 방법으로 미분법을 제시하고 있다.

*** 서울대 의대 홍윤철 교수는 자신의 저서 『"질병의 탄생』에서 인간의 질병이란 오랜 수렵시대를 살아온 신체가 신석기혁명 이후 짧은 기간에 도시문명에 도달하는 급격한 변화 속에서 겪게 된 현상이라 설명한다.

매번 생명 유지 활동을 직접 수행하며 생존을 지속하는 신체의 삶은 매 순간이 '죽느냐 사느냐'의 연속인 세렝게티 초원의 동물들의 삶에 가깝다. 이들의 관점에서 봤을 때 우리의 의식이 벌이는 많은 일들은 현실이라기보다는 차라리 꿈에 가깝다.* 즉 마이크로 세계의 관점에서 바라본다면 우리의 현실이란 구체성을 결여한 채 붕 뜬 구름 위에서 벌어지는 일과 같다. 이것이 들뢰즈를 비롯한 존재론 철학자들이 인간과 세계를 바라보는 관점이다.

---

*   그런 의미에서 일찍이 고승과 선사 들은 우리의 삶이란 한 편의 꿈이라 파악하곤 했다.

살아 있기도 하고
죽어 있기도 한

데카르트는 인간이 존재한다는 사실을 확인하려 했으나* 현대 철학은 인간이 존재하지 않는다는 사실을 확인하려 한다. 과거의 철학은 개체를 개념으로 포섭함으로써 개체의 독특성을 일반성으로 해소해 버리는 사유였다. 칸트의 종합이라는 것도 이러한 작업의 한 갈래였다.

그러나 오늘날의 철학은 그 반대다. 그것은 개념에 사로잡혀 온 개체를 해방하는 사유다. 이렇듯 개념에서 풀려난 제멋대로의 개체를 들뢰즈는 **시뮬라크르**simulacre라 불렀다.

하이데거는 인간이란 존재의 개시를 기다리는 **현존재**現存在, desein**라 규정했다. 이 말은 인간이란 확정된 사물이 아니라 사물로

---

* 그는 '나는 생각한다. 고로 존재한다.'는 명제를 통해 스스로의 존재를 확증하려 했다.
** 하이데거의 철학에서 인간이란 '인간이 되어가는 존재'일 뿐이다. 이 점을 명확히 하기 위해 그는 인간이라는 말을 쓰지 않고 현존재라는 용어를 쓴다.

서 존재하기 위해 기다림을 지속하는 일종의 사건이라는 뜻이다. 즉 하이데거에 따르면 인간은 아직 덜 존재하는 상태이다. 이러한 주장이 구조주의*에 이르자 인간은 부재하다시피 한 존재가 되었다. 아니, 부재할 뿐 아니라 역할조차 그다지 없는 존재로 치부되었고, 주체의 지위를 구조에 양보해야 했으며, 후기 구조주의**에 와서는 마침내 '인간의 죽음'을 선언하기에 이르렀다.

그러나 이러한 인간의 부재는 현대 철학의 새로운 발명품은 아니다. 이미 불교는 오래 전에 이 사실을 명확하게 규정하고 있었다. 공空 사상, 즉 제행무상諸行無常***, 제법무아諸法無我****의 가르침이 그것이다. 존재론이 정점을 지난 이 시점에서 돌아보면 그 내용과 불교의 가르침이 현저히 일치하고 있음을 알 수 있다. 그러나 그것은 우연이 아니다. 현대 철학의 맹아를 틔운 쇼펜하우어나 니체, 그리고 존재론의 창시자 격인 하이데거는 불교 사상의 열렬한 학도였다.

인간의 비존재성은 단지 철학자들의 선언이나 관념만은 아니다.

---

* 構造主義, Structuralism. 20세기 초에 등장한 현대 철학 사상 중 하나로, 어떤 사물의 의미는 개별로서가 아니라 전체 체계 안에서 다른 사물들과의 관계에 따라 규정된다는 인식을 전제로 한다. 그렇기 때문에 개인의 행위나 인식은 자신의 의지보다는 구조에 의해 좌우된다는 입장을 견지한다.
** 1960, 70년대에 프랑스에서 발전한 철학 사상으로, 구조를 보편적인 것으로 생각하는 초기 구조주의와 달리 구조의 역사성과 상대성을 강조한다.
*** 우주의 모든 사물은 늘 돌고 변하여 한 가지 모습으로 머물러 있지 않는다는 불교의 개념.
**** 이 세상에 존재하는 모든 사물은 인연으로 생겼으며 변하지 않는 자아의 실체는 존재하지 않는다는 불교의 개념.

이미 1920년대에 양자역학은 인간이란 단지 확률적으로만 존재한다는 사실을 과학적인 방법으로 실증하고 있었다. 그들은 가장 정밀한 실험들을 통해 모든 물질의 존재는 단지 확률로만 입증된다고 주장했다. 그들에 따르면 사물이란 있기도 하고 없기도 한 것이다. 그들은 기존 존재에 대한 관념을 완전히 바꿔놓았다.

이러한 생각들을 종합하면 인간은 고정된 사물이 아니라 언제나 유동하는 사건으로 파악된다. 그것은 쉬지 않고 발생하고 변화하므로 어떤 하나의 이미지로 고정할 수 없다. 즉 데카르트는 그토록 인간 존재의 확실성을 찾아내고자 했으나 현재까지의 결론은 인간은 존재하기도 하고 존재하지 않는 확률적인 존재라는 것이다. 이러한 상태를 들뢰즈는 반복이라 불렀다. 인간이란 존재함과 존재하지 않음 사이를 끝없이 반복하는 존재인 것이다.

그러나 이것만이 반복인 것은 아니다. 삶과 죽음, 남자와 여자, 전쟁과 평화, 건강한 몸과 병든 몸, 출근과 출가 등이 반복의 사이클을 이루고 있다. 즉 우리의 삶이라는 플랫폼 위에는 무수한 차이들이 놓여 있고 그 수만큼이나 많은 반복들이 들끓고 있다. 우리는 반복의 운동이 멈추지 않도록 하기 위해 살아 있을 때는 죽음을, 남자일 때는 여자를, 평화로울 때는 전쟁을, 건강할 때는 아픔을, 안온할 때는 고달픔을, 출근할 때는 출가를 생각해야 한다.

그리고 이 반복의 어느 지점에서 서양과 동양은 맹렬히 교섭하고 있다. 사상의 역사에서 동서양이 이토록 치열하게 교차한 시대는 기원전 8~3세기를 지칭하는 '축의 시대'* 이후 거의 찾아보기 힘든 일인 듯하다. 이 책에서도 동서양의 사상가를 한 마을에 모으는 방식으로 사상의 교류**를 드러내고자 했으나 과연 뜻한 대로 이루어졌을지는 독자들께서 판단할 몫이라고 본다.

---

* 독일 철학가 카를 야스퍼스가 고안한 표현으로 1949년 출간한 그의 저서 『역사의 기원과 목표*Vom Ursprung und Ziel der Geschichte*』에 처음 등장한다. 이 시기에 유교, 불교, 기독교 등 세계의 주요 종교와 부처, 소크라테스, 공자, 플라톤 등의 철학이 탄생했다.

** 교류란 어떤 반복이다.

감사의 글

내가 철학자들과의 씨름에서 번번이 패배해도 끝까지 버틸 수 있도록 지지해 주고, 완성된 원고의 첫 독자가 되어준 아내 신진순과 두 아들 한상준, 한자연에게 감사한다. 다양한 철학자, 작가, 과학자들을 거치는 긴 시간 동안 함께해 준 정광선, 이지윤, 박서희에게도 감사하고 싶다. 우리는 함께 들뢰즈의 『차이와 반복』, 『안티 오이디푸스』, 융의 『인간과 상징』, 보르헤스의 『픽션들』, 마수미의 『정동정치』, 니체의 『차라투스트라는 이렇게 말했다』, 스티븐 제이 굴드의 『플라밍고의 미소』 등을 읽으며 서로의 성장을 격려했다. 지금 고백하건대 우리가 함께한 시간들이 아니었다면 나는 복잡한 철학 담론의 어디쯤에서 길을 잃었을지도 모른다. 원고를 읽고 격려와 질정을 보내준 친구 이흥순과 같은 사무실의 김창욱, 이정호, 이유경에게도 고맙게 생각한다.

책의 출간을 허락해 준 페이퍼로드의 최용범 대표에게도 깊이 감사드린다. 술 한잔하는 것으로 시작된 우리의 인연은 20년째 이어져 오며 마침내 이 책의 출간으로 이어졌다. 책의 편집을 담당해 준 페이퍼로드의 이자연 님에게도 감사드린다. 이자연 님은 놀라운 철학적 식견과 꼼꼼함으로 책 전체를 한 단계 더 높은 수준으로 이끌어주어 함께 작업하는 시간이 기쁨으로 채워지도록 해주었다.

철학 공부를 해오며 느꼈던 큰 기쁨 중 하나는 국내 철학계의 저술, 번역서들의 수준이 나날이 상승하고 있음을 확인하는 일이었다. 내가 본격적으로 철학서를 읽기 시작한 80년대와 지금의 수준 차이는 가히 상전벽해라 할 만하다. 이것은 한국 인문학의 다른 분야들이 약진하는 동안 철학계도 결코 쉬고 있지 않았음을 의미한다.

그 모든 기간에 저자, 번역자, 강연자로서 나의 눈과 귀를 틔워주신 많은 철학 스승들께 감사드린다. 그중에서도 특히 김용옥, 이정우, 김상환 선생님께 감사드리고 싶다. 생소하기만 했던 외래 철학의 용어들을 머릿속에 넣었던 지난한 과정에서 나는 이분들의 친절한 안내와 도움을 받았다.

이상의 모든 분들로부터 영감을 받아 몇 년째 머리 속에서만 맴돌던 생각들을 비교적 간명한 형태로 정리할 수 있었다. 본문에 나온 철학자들의 말처럼 나를 움직이게 하고, 때로 보람을 안겨주고, 일을 하도록 추동하는 것은 나를 둘러싼 관계들이다. 작업하는 모든 시간 동안 관계들은 어떤 격려였고, 역량이었고, 기쁨이 되어주었다.

국내 저자 저서

김상욱, 『떨림과 울림』, 동아시아, 2018.

김용옥, 『노자가 옳았다』, 통나무, 2020

_____, 『도올주역강해』, 통나무, 2022.

김형효, 『동서 철학에 대한 주체적 기록』, 소나무, 2015.

나태주, 『꽃을 보듯 너를 본다』, 지혜, 2020.

마광수, 『운명』, 사회평론, 1995.

박찬국, 『니체와 불교』, CIR, 2013.

서동욱, 『차이와 타자』, 문학과지성사, 2000.

이정우, 『사건의 철학』, 그린비, 2011.

조영래, 『전태일 평전』, 아름다운전태일, 2020.

외국 저자 저서

게오르그 빌헬름 프리드리히 헤겔, 『정신현상학』, 김양순 역, 동서문화사, 2016.

공자, 『논어』, 소준섭 역, 현대지성, 2018.

니코스 카잔차키스, 『그리스인 조르바』, 이윤기 역, 열린책들, 2009.

마르틴 하이데거, 『존재와 시간』, 전양범 역, 동서문화사, 2016.

막스 베버, 『프로테스탄트 윤리와 자본주의 정신』, 박문재 역, 현대지성, 2018.

미셸 푸코, 『광기의 역사』, 이규현 역, 나남출판, 2003.

벵쌍 데꽁브, 『동일자와 타자: 현대 프랑스 철학』, 박성창 역, 인간사랑, 1990.

브라이언 마수미, 『정동정치』, 조성훈 역, 갈무리, 2018.

빌헬름 라이히, 『파시즘의 대중심리』, 황선길 역, 그린비, 2006.

사뮈엘 베케트, 『고도를 기다리며』, 오증자 역, 민음사, 2000.

슬라보예 지젝, 『이데올로기의 숭고한 대상』, 이수련 역, 새물결, 2013.

아르투어 쇼펜하우어, 『의지와 표상으로서의 세계』, 권기철 역, 동서문화사, 2016.

알베르 카뮈, 『시지프스의 신화』, 개정증보판, 민희식 역, 육문사, 1993.

─────, 『이방인』, 이정서 역, 새움, 2022.

위르겐 몰트만, 『희망의 신학』, 이신건 역, 대한기독교서회, 2017.

위르겐 하버마스, 『인식과 관심』, 강영계 역, 고려원, 1996

─────, 『의사소통행위이론 1』, 장춘익, 나남출판, 2006.

유발 하라리, 『사피엔스』, 조현욱 역, 김영사, 2015.

─────, 『 21세기를 위한 21가지 제언』, 전병근, 김영사, 2018.

이마누엘 칸트, 『이성의 한계 안에서의 종교』, 백종현 역, 아카넷, 2011.

─────, 『순수이성비판』, 정명오 역, 동서문화사, 2016.

장 폴 사르트르, 『실존주의는 휴머니즘이다』, 박정태 역, 이학사, 2008.

─────, 『구토』, 임호경 역, 문예출판사, 2020.

제롬 데이비드 샐린저, 『호밀밭의 파수꾼』, 공경희 역, 민음사, 2001.

지크문트 프로이트, 『토템과 터부』, 강영계 역, 지만지, 2009.

─────, 『꿈의 해석』, 이환 역, 돋을새김, 2014.

윌 듀런트, 『철학이야기』, 임헌영 역, 동서문화사, 2007.

질 들뢰즈, 『차이와 반복』, 김상환 역, 민음사, 2004.

질 들뢰즈 · 펠릭스 가타리, 『안티 오이디푸스』, 김재인 역, 민음사, 2014.

찰스 다윈, 『종의 기원』, 송철용 역, 동서문화사, 2013.

카를 마르크스, 『경제학—철학 수고』, 강유원 역, 이론과실천, 2006.

카를 바르트, 『교의학 개요』, 신준호 역, 복있는사람, 2015.

칼 구스타프 융, 『인간과 상징』, 이윤기 역, 열린책들, 2009.

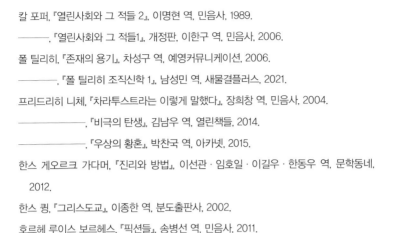

칼 포퍼, 『열린사회와 그 적들 2』, 이명현 역, 민음사, 1989.

──────, 『열린사회와 그 적들1』, 개정판, 이한구 역, 민음사, 2006.

폴 틸리히, 『존재의 용기』, 차성구 역, 예영커뮤니케이션, 2006.

──────, 『폴 틸리히 조직신학 1』, 남성민 역, 새물결플러스, 2021.

프리드리히 니체, 『차라투스트라는 이렇게 말했다』, 장희창 역, 민음사, 2004.

──────────, 『비극의 탄생』, 김남우 역, 열린책들, 2014.

──────────, 『우상의 황혼』, 박찬국 역, 아카넷, 2015.

한스 게오르크 가다머, 『진리와 방법』, 이선관 · 임호일 · 이길우 · 한동우 역, 문학동네,
   2012.

한스 큉, 『그리스도교』, 이종한 역, 분도출판사, 2002.

호르헤 루이스 보르헤스, 『픽션들』, 송병선 역, 민음사, 2011.

철학자 마을에
저녁이 내리는 소리

1판 1쇄 발행 2022년 10월 20일

지은이 한창수
펴낸이 최용범

편집 이자연, 예진수
디자인 김규림
관리 강은선
인쇄 ㈜다온피앤피

펴낸곳 페이퍼로드
출판등록 제10-2427호(2002년 8월 7일)
주소 서울시 동작구 보라매로5가길 7 1322호

이메일 book@paperroad.net
페이스북 www.facebook.com/paperroadbook
전화 (02)326-0328
팩스 (02)335-0334

ISBN 979-11-92376-10-3 03100